父母教练 | Parenting

推动摇篮的手推动世界

科学养育

给孩子一个聪明脑

刘丽 常青藤爸爸——著

新星出版社 NEW STAR PRESS

图书在版编目（CIP）数据

科学养育：给孩子一个聪明脑 / 刘丽，常青藤爸爸著. -- 北京：新星出版社，2021.12
ISBN 978-7-5133-4495-1

Ⅰ. ①科… Ⅱ. ①刘… ②常… Ⅲ. ①家庭教育 Ⅳ. ①G78

中国版本图书馆CIP数据核字(2021)第223010号

科学养育：给孩子一个聪明脑

刘　丽　常青藤爸爸 / 著

责任编辑：李文彧
选题策划：马瑞芬
特约编辑：姚　兰　汪　硕
美术编辑：潘　虹
插画设计：张梦婷
装帧设计：张　青
责任印制：李珊珊

出版发行：新星出版社
出 版 人：马汝军
社　　址：北京市西城区车公庄大街丙3号楼 100044
网　　址：www.newstarpress.com
电　　话：010-88310888
传　　真：010-65270449
法律顾问：北京市岳成律师事务所

印　　刷：深圳市福圣印刷有限公司
开　　本：880mmx1230mm　1/32
印　　张：9.75
字　　数：200千字
版　　次：2021年12月第一版　2021年12月第一次印刷
书　　号：ISBN 978-7-5133-4495-1
定　　价：49.00元

策　　划 / 海豚传媒股份有限公司
网　　址 / www.dolphinmedia.cn　邮　　箱 / dolphinmedia@vip.163.com
阅读咨询热线 / 027-87391723　销售热线 / 027-87396822
海豚传媒常年法律顾问 / 湖北珞珈律师事务所　王清　027-68754966-227
图片来源 / 视觉中国　123RF

每位家长都应该了解脑科学

不知道您有没有过以下疑问：人的智力高低是不是生来就不变的？为什么有的孩子记忆力超群？为什么现在大力提倡亲子阅读？孩子学习有困难、遇到障碍怎么办？孩子的多动症和自闭症是什么原因引起的？青春期的孩子为什么如此叛逆？……

经常会有家长在我们的“常青藤爸爸”公众号或直播间询问这些问题，我们汇总整理后，发现这些问题其实都与脑科学密切相关。

脑科学是一门充满神秘色彩、极具魅力的生命科学，与我们的生活紧密相关。一个人成长的过程，其实也是脑发育的过程。我们请来了儿童脑发育与语言发展领域的专家刘丽老师来答疑解惑，并就“儿童脑科学与家庭教育的关系”，带领家长们一探究竟。

首先，我们来谈谈家庭教育。我们每个人一生中都要接受三种教育：家庭教育、学校教育和社会教育。著名教育学家苏霍姆林斯基曾把儿童比作一块大理石，他说，把这块大理石塑造成一座雕像需要六位雕塑家：

1. 家庭；
2. 学校；
3. 儿童所在的集体；
4. 儿童本人；

5. 书籍；

6. 偶然出现的因素。

从这个排序可以看出，家庭是放在第一位的，由此可见家庭教育在儿童教育过程中的重要性。

父母是孩子的守护者，是孩子的第一任老师，家庭就是孩子的第一所学校。家庭教育对孩子身心发展的影响是巨大的、不可估量的，甚至可以说是一切教育的基础。有这样一句话：“推动摇篮的手推动世界。”家庭教育既是“摇篮”教育，更是终身教育。

所以，如何把孩子教育好，一直都是家长非常重视的事情。但现在，很多家庭的教育存在着许多误区，比如一些家长错误地认为：儿童早期教育 = 学科超前教育，发展智力能力 = 提高学习成绩，严格要求 = 事事监管……其实这些做法都是违背儿童脑发育规律的。家庭教育要遵循孩子的脑发育和认知发展的规律，我们要以科学的家庭教育观来培养孩子。

其次，我们再来说说本书的主要内容。本书以孩子的成长时间轴为主线，从胎儿期、婴幼儿期、学前期到学龄期，一共整理出近 60 个儿童成长中与脑科学相关的问题，涵盖了脑的基本结构和功能，及感知、运动、语言、记忆、情绪情感和意识等多方面的内容，全面地展现了脑是如何工作的，以及脑是如何影响孩子各种日常行为的。

虽然这是一本关于脑科学的科普书，但是我们不会只讲关于脑的科普知识，**我们更关注的是如何帮助家长从脑科学的角度去了解孩子，如何用脑科学的研究成果指导家长教育孩子，然后将科学合理的养育理念传递给各位家长。**

刘丽老师长期从事儿童脑发育与语言发展领域的研究，同时她也是两个孩子的母亲。在刘丽老师看来，脑科学并不是“高高在上”的，也不是普通人难以理解的，而是我们每一位家长都应该去了解也可以理解的。通过与刘老师的多次对话，我也更加深刻地体会到学习脑科学知识的必要性和重要性。

通过这本书，我们将带领广大家长走进一个完全不同的脑科学世界。在这个世界里，没有复杂高深的学术理论，没有晦涩难懂的科学研究，您可以在轻松阅读的同时，了解脑的知识，既实用又有趣。我相信，每一位家长都能从中受益。

最后我想说的是，我们很高兴能将脑科学的知识以出版物的形式传递给所有家长。希望我们这本关于脑科学的问答书能够帮助家长们解决养育孩子过程中的难题，让家长们走出养育孩子的误区，与孩子共同成长，培养聪明健康的孩子，让爱和幸福陪伴孩子一生。

序Ⅱ

读懂脑，读懂孩子

这个世界上最伟大、最幸福，也最艰难的事情之一，莫过于为人父母，陪孩子长大。不知您是否这样想过：孩子心智逐渐成熟的过程其实就是孩子的脑逐渐发育成熟的过程。一个孩子从懵懂无知到“心里有星辰大海，眼里有细雨尘埃”，是他脑中近千亿个神经元以及这些神经元之间浩若星海的连接，让这一切成为可能。

当然，让这一切成为可能的，还有您——孩子的父母！父母永远是孩子最长情的陪伴者。尽管各界就家庭教育对孩子成长的重要性以及影响的深远性，有过无数的论述，但我还是想从脑发育的角度重新论述一下这个问题。

儿童时期是孩子脑发育最为迅猛的时期，也是大脑可塑性最强的阶段，更是奠定孩子一生智能和心理健康发育基础的时期。对于儿童来说，尤其是年龄较小的儿童，他最重要的成长环境就是家庭，最重要的人际关系就是亲子关系。脑科学的研究结果已经表明，脑发育具有巨大的个体差异性，时代也在呼唤个性化的教育。然而在我们当下的学校环境中，实施个性化教育的难度可想而知。所以，个性化教育只有在家庭当中才能实现，因为绝大多数情况下，没有人比父母更有机会全面、清晰地了解自己的孩子。每个孩子都有一个独一无二的脑，而父母就是最有机会读懂它、塑造它的人。

本书以孩子成长的四大阶段为主线，以对话体的形式，从脑与认知科学的视角，聚焦家长养育孩子过程中所关心的问题，答疑解惑，分享养育孩子的理念和经验。

我是一位儿童脑发育与语言发展领域的研究者，同时也是两个孩子的母亲。本书所列的问题部分来自“常青藤爸爸”公众号平台上家长们的留言，部分来自我日常所做的教育咨询工作中，家长经常咨询的问题。这些问题涉及孩子发展的各个阶段（胎儿期、婴幼儿期、学前期、学龄期），涉及智力、语言、运动、学习、情绪、社交等儿童发展的多个关键领域。作为孩子的家长，我与常爸对话的过程中，尽量不局限于对问题本身所涉及知识的分享，而是兼顾养育理念层面的交流，希望家长阅读本书时能够有所收获，有所启发。

虽然本书所列的问题涉及多个方面，但主要体现了以下几个总的养育原则，这也是我在养育孩子过程中深感受益的几个原则，在此与家长们分享：

一、从发展的视角来理解和促进孩子的成长。

养育孩子最大的乐趣莫过于孩子的成长带给家长的惊喜。从出生到成年的十几年时间，是孩子的脑发育最快、可塑性最强的阶段，也是他各项能力发展的黄金时期。某些时候孩子没有达到我们的期望值，也许只是孩子的脑发育还不够成熟，我们需要做的就是耐心一点儿，多给孩子一些时间。很多孩子在成长过程中出现的问题是能够随着其成长自然消失的，如果家长对于能够自然消失的问题过于关注，反而会延长孩子解决问题的时间。当然不排除有些问题是不能随着成长自然消失的，对于这些问题，我们需要予以警觉，及时干预，不错过孩子发展的最佳窗口期。

从发展的视角来理解和促进孩子的成长，还在于我们要充分理解“发展的力量”，孩子各项能力的发展是日积月累的过程，没有什么比得过“日积月累”的力量。家长在养育孩子的过程中要保持“日积月累，水到渠成”的心态，切忌急于求成。

二、从个体差异的视角来理解和促进孩子的成长。

研究表明，儿童的脑与智能都存在着巨大的个体差异。个体差异既体现在儿童的个性气质不同、所擅长的领域不同，还体现在其发展轨迹的不同：有的孩子小小年纪便崭露头角，有的则大器晚成。即使在同一个家庭内，不同的孩子之间也存在着很大的差异。以我家为例，老大爱思考、擅钻研、喜安静，老二爱运动、喜社交，他们的个性、能力都表现出很大的不同。

所以，我们不能用同一个标准来要求孩子，孩子不是教育流水线上的产品，而是独一无二的个体。正是因为孩子个体差异大，所以我们需要找到最适合每个孩子的“度”。因此，家长要成为一个细心的、耐心的、有洞见的观察者，去了解自己孩子的优势和劣势，引导孩子建立自信，形成积极的自我概念，并最终帮助他们找到属于自己的人生之路。

三、从生态系统的视角来理解和促进孩子的成长。

孩子处在家庭（父母－兄弟－祖父母）、学校（老师－同伴）、社会等相互关联的多重环境组成的生态系统中。孩子在其中一个环境中遇到的问题、往往需要联动整个生态系统来一起解决，家长需要尽可能地尝试从系统思维的角度来理解孩子、帮助孩子，促进孩子的成长。

这就是我要分享的三个原则，希望家长们在遇到本书未涉及的问题时，也能够从这些原则入手，找到问题的解决方法。

本书的主要内容分为五个部分。

第一部分，介绍脑发育的常识、脑发育的影响因素以及孩子成长过程中的脑发育常见问题及防护，并厘清一些常见的脑科学误区。

第二部分到第五部分，以个体的发展阶段为主线，针对个体不同的发展时期，从脑科学的视角来解读在孩子的学习与成长中，家长关切的问题。

虽然第一部分并不针对孩子特定的年龄阶段，但这一部分的内容对各个年龄段具有普适性，建议家长在使用本书时，除了关注孩子相应年龄段的内容，也要关注第一部分的相关内容。

本书从确立写作意向到最终定稿，大约历经三年。感谢常爸，感谢主编姚兰以及编辑马学梅、汪硕对本书的付出，感谢出版社的朋友们为本书所做的各方面工作。感谢我的同事丁国盛教授、南云教授、康翠萍副研究员审阅初稿，为本书提出宝贵意见。感谢我的学生高丹琪、柏子琳、毛珩宇、余赛文、何茵等参与讨论、查阅资料、校对文稿。

此外，作为一本科普类的家教图书，本书参考了大量国内外同行的文献，在第六部分，我们列出了主要参考文献，在此一并致谢！由于本书涉及众多的儿童发展领域，并且脑科学作为一门新兴学科，其发展日新月异，所以本书内容若有不当之处，祈读者见谅。

最后，愿您、愿我们都读懂孩子，与孩子“脑”有灵犀！

目　录
CONTENTS

PART 1 认识脑

第三章　脑发育常识

第四章　脑发育的影响因素

第五章　孩子成长过程中的脑发育问题及防护

PART 2 胎儿的脑发育

PART 3 0~3 岁婴幼儿的脑发育

科学养育：给孩子一个聪明脑

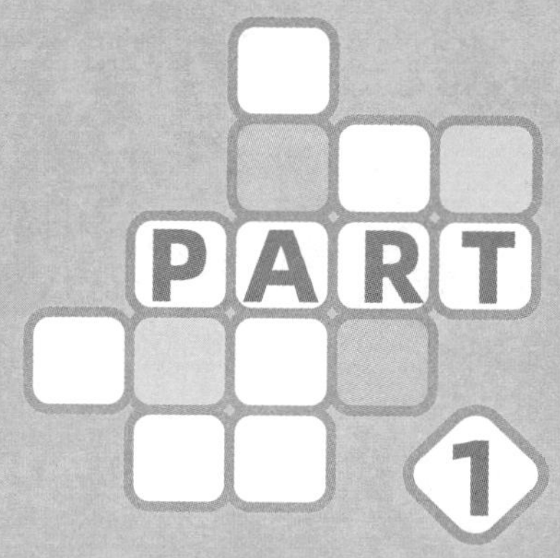

认识脑

人脑最神奇之处莫过于它的可塑性，一个人从出生到成年的十几年时间，是其脑发育最快、可塑性最强的时期。

孩子的大脑并非陶泥，可以随意捏塑。养育、教育都需要顺应孩子脑发育的规律，尊重孩子的个体差异，让孩子成为最好的、独特的自己。

第一章
脑科学的意义

教育的本质是身心的塑造，而心智是脑的功能。对于家长来说，了解脑科学才能更好地了解孩子，才能更好地促进孩子的发展。

为什么要了解脑科学？

Q 常　爸：

我们都知道，对于一个人来说，脑是非常重要的。如果把人体比作一台电脑的话，那么脑就是最重要的 CPU，因为脑能够处理和分析信息，接收并发出操作指令，我们的一举一动、一颦一笑、一思一念都有脑的参与。一个人的脑在他出生时还没完全发育，外界的干预对脑发育有非常重要的影响。所以，作为家长，为了孩子能够更好地成长与发展，我们是需要去了解脑科学的。

A 刘　丽：

是的。婴儿刚出生时，脑并没有发育成熟，在孩子出生以后，脑还要经历漫长的发育过程。某些脑区，如前额叶，要到孩子青春期后，才能发育成熟。所以，出生后，孩子的成长环境、生活经历和所接受的教育都对孩子的脑发育影响巨大。

我们为什么要了解脑科学呢?

我认为，这是因为**脑科学是一门帮助人们认识自身，尤其是精神世界的重要学科。**人的一生无非两件事，认识世界和认识自我。脑科学可以帮助我们更好地认识自我。我更喜欢的信息加工方式是看，还是听？我更擅长记忆，还是推理？我更喜欢独处，还是更喜欢社交？这些问题都跟我们有一个什么样的脑密切相关。从整个人类群体的角度来看，人们创造了璀璨的文明，也创造出了用以传承人类文明的各门学科。归根结底，这些都是人脑活动的产物。可以说，没有人脑，就没有一切人类文明。

Q 常　爸：

您这么说有点儿抽象，能否举个例子？再明确一下脑科学对于家长教育孩子的意义。

A 刘　丽：

好的。虽然我们现在对人脑的了解还谈不上深入，但是通过脑科学的大量研究，我们积累了很多关于人脑发育、学习、记忆等的基本知识，这些知识可以对某些教育活动起到指导作用。就拿语言学习来说，现在孩子学习第二语言（后简称为“二语”）的现象非常普遍，但还是有家长担心二语学习会影响孩子的母语学习，担心孩子混淆英语字母和汉语拼音。而脑科学的研究表明，母语和二语学习并不存在人们担忧的“你死我活”的竞争关系。

相反，母语和二语学习之间存在正相关，学业表现好的孩子往往母语和二语都好。没有证据表明孩子学习二语会损害其母语的学习，即使他是从较小的年龄开始学习二语。

Q 常　爸：

是的。在当今世界，虽然双语教育已经不是一个新奇的概念，但是，的确还有不少中国父母认为：孩子在早期学习英语会影响其母语的学习。如果他们了解了脑科学的研究成果，就能更好地推进孩子的双语教育，所以家长对脑科学的学习是很有必要的。

A 刘　丽：

没错。脑科学的研究不只对于孩子的学习有指导作用，还能帮助家长了解自己的孩子。很多家长苦恼于与孩子的相处困境。其实很多孩子叛逆，爱和家长对着干，非常情绪化，也和他们的脑部发育密切相关。这也是我想说的，了解脑科学的第二个重要的意义：**了解脑科学，才能更好地理解孩子行为表现背后的原因。**

我就接着说刚才提到的孩子叛逆、易冲动的例子。人脑的认知控制功能主要与前额叶有关，而前额叶直到青春期后才能发育完善。由于孩子的前额叶还没有发育完善，那他就不能像成人那样“深思熟虑”，就容易冲动。所以，有时候孩子出现叛逆、不听话、情绪冲动等“不过脑子”的行为也很正常，毕竟孩子的脑部发育还不足以支撑他像一个成熟的成年人那样去思考。这个时候家长要给予孩子必要的理解，用合适的方式去和孩子充分沟通，这样才能顺利地解决问题。

Q 常　爸：

我们的孩子不只是我们的孩子，他们首先是“人类的儿童”，这决定了他们具有人类作为生物的共性，他们的行为及其发展也会受到大脑发育规律的深刻影响。所以了解人脑的发育和发展才能更好地理解我们的孩子。

A 刘　丽：

了解脑科学不仅可以帮助家长了解孩子，更重要的是，**了解脑科学可以更好地促进孩子的发展。**从脑科学的视角来看，教育的本质其实就是对脑进行塑造。在这个过程中，家长只有了解脑，才能更科学地塑造孩子的脑，才能让我们的孩子发展得更好。

Q 常　爸：

“塑造脑”听起来非常专业，普通父母能做到吗？您能举个例子来进一步解释一下吗？

A 刘　丽：

“塑造脑”这个词听起来很抽象，但并不是只有专业人员才能做到，家长操作起来也很简单。这其实体现在我们陪伴孩子的日常中，尤其是在孩子学龄前这个阶段。比如，孩子在婴幼儿时期，语言能力的获得和发展是其个体发展的重要里程碑。我们怎样塑造婴幼儿的“语言脑”呢？其中一个方法就是，父母从宝宝一出生，就为宝宝提供丰富的语言环境，不管他能否听得懂，能否跟父母互动，父母都要尽量多跟宝宝说话。这里的科学依据是什么呢？就是脑的可塑性原理。

人脑约有 860 亿个神经元，神经元和神经元之间互相连接，形成复杂的网络。孩子刚出生的时候，由于没有接受过外界环境的大量刺激，其大脑皮层的突触连接形成的网络非常稀疏。随着孩子年龄的增长，其接受的环境刺激越来越多、越来越丰富，大脑皮层的突触连接就会形成密密麻麻的神经网络（图 1）。这些密密麻麻的网络，就像四通八达的交通线路，这些线路可以引领孩子走向无数种可能。所以，给宝宝提供丰富的语言刺激，可促进其突触连接的形成。

这也很好地说明了启蒙教育的重要性，所以父母要尽可能多地为孩子提供丰富、适宜的刺激，特别是亲子的互动交流、早期亲子阅读等方面的刺激，这些都会帮助孩子在脑中建立四通八达的神经网络。也许某些“神经网络”会让孩子喜欢上数学，某些“网线”会“打通”孩子的音乐学习之路，某些“连接”会造就孩子的语言才能……而这些最初的神经网络往往会奠定一个孩子后期发展的基础，对孩子毕生的发展至关重要。

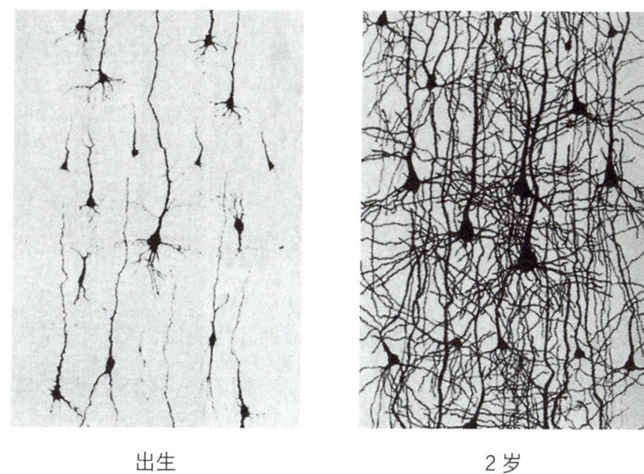

图 1　孩子出生时和 2 岁时神经网络发展状况对比图①

常　爸：

根据刘老师列举的几个例子来看，学习脑科学的确很有必要，而且非常重要。除了相关学科的研究者，我们每一位父母也应该对此进行了解，这样才能更科学地陪伴和教育孩子。本书是关于脑科学的科普书，但我们更关注的是，让家长知道如何从脑科学的角度去了解孩子，基于脑科学的研究成果去教育孩子。现在，我们知道了“大脑是可塑的”，所以，在孩子不同的年龄阶段，用适宜的方式去“塑造”其大脑就显得非常重要了，这也是之后刘老师和我探讨的主要内容。我相信，每一位家长都能从中受益。

① 图片来自 Nolte J. The Human Brain [M]. St. Louis: Mosby, 1993.

本章小结

◆ 婴儿刚出生时，脑并没有发育成熟；出生后，孩子的成长环境、生活经历和所接受的教育都对孩子的脑发育影响巨大。

◆ 我们为什么要了解脑科学？脑科学是一门帮助人们认识自身，尤其是精神世界的重要学科；了解脑科学，才能更好地理解孩子行为表现背后的原因；了解脑科学可以更好地促进孩子的发展。

◆ 脑是可塑的。从脑科学的视角来看，教育从本质上来讲就是对脑的塑造。所以，在孩子不同的年龄阶段，用适宜的方式去“塑造”孩子的脑非常重要。

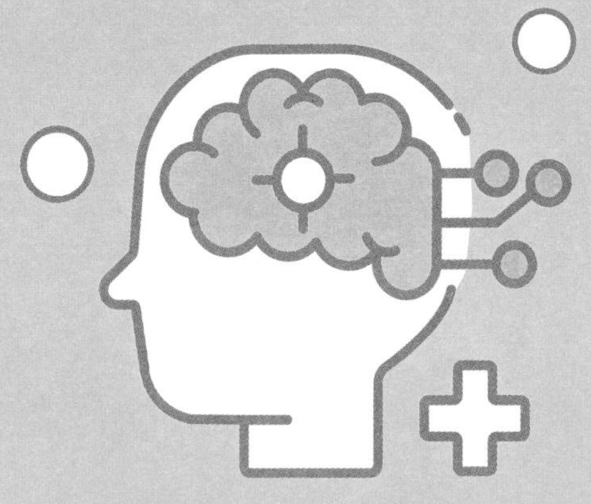

第二章
破除脑科学误区

慎思明辨，拨云见日，破除那些“众所周知”的脑科学误区！

人聪不聪明，是天生的？智力无法改变？

Q 常 爸：

很多家长心里存在这样的疑问：人的智力是由先天决定的吗？后天提高的空间大吗？

A 刘 丽：

人的智力受到父母遗传基因的影响，有研究表明：父母和亲生子女智力的相关系数约为 0.5，而养父母与养子女智力的相关系数约为 0.3。所以我们不能否定智力受到遗传基因的影响，但是也应该看到后天环境、教育和个人努力在智力发展中的重要作用。智力的发展是先天和后天共同作用的结果。

人脑非常重要的一个特点就是具备强大的学习能力，也就是可塑性。**智力不是一成不变的，环境、教育、个体的学习经**

验对于人的智力都能够起到重要的塑造作用。

《自然》杂志2011年发表了一项研究结果：即使是十几岁的少年，其智商也是可变的。研究者发现一组12~16岁的青少年在三年的时间里，智商发生了很大的变化。有的孩子智商提高了，最多的增加了21分；有的孩子智商降低了，最多的减少了18分。变化还是非常明显的。

不仅是个体的智商会变化，智商在代际间也会发生变化。

1983年，美国科学家詹姆斯·弗林（James R. Flynn）发现，在过去半个世纪中，所有发达国家年轻人的智商测试分数都出现了持续增长，这一发现被称为“弗林效应”（The Flynn Effect）。

综上所述，比起强调不能够改变的遗传因素，我们更应该重视环境、教育以及孩子后天的努力在智力发展中的作用。

孩子的脑袋越大，长大越聪明？

Q 常　爸：

刘老师，有些地方有“大头聪明，小头精”的说法，也有很多人认为孩子脑袋越大，就越聪明。这样的说法有科学依据吗？

A 刘　丽：

关于脑袋大小与智力的关系的研究有很多。有一项比较权威的荟萃分析①研究，其结论是“脑容量的大小与智商的相关度是 0.3 左右，而且是正相关”。

0.3 左右相当于什么呢？它能够解释智商 9% 的变异，也就是说，谈到人与人之间的智商差异时，有 9% 的差异可能

① 荟萃分析是对现有的多项实证研究的再次统计分析，以便得到一个总结性的结论。

是与个体脑袋的大小有关。值得注意的是，这个相关度在女性中比男性中高，成人比儿童高。就儿童来说，在男童中的相关度约为 0.22，在女童中的相关度约为 0.37。

Q 常　爸：

占到 9% 这么高的比例，给我的感觉是这个影响还是很大的。不过脑袋大小是天生的，即使都是脑袋大的孩子，也是存在个体差异的吧？

A 刘　丽：

是有个体差异的。“脑容量的大小与智商正相关”是一个群体规律，具体到每一个个体身上，并不一定是脑袋大的就更聪明。比如爱因斯坦被公认为是世界上最聪明的科学家，在他去世后，医生研究了他的脑，发现他的脑重量并不比普通人的脑重量更重，大小也和普通人脑接近。目前，“脑容量的大小与智商正相关”这个结论主要是用于儿童早期发育异常的预警。家长都有这样的经验：孩子小的时候，我们要定期带孩子到社区卫生服务站体检，其中有一个常规项目就是量头围。为什么要量头围呢？因为脑袋大小是一个很重要的发育指标，头围达不到标准的话，就有可能影响到孩子的脑智发育。

人脑的大小虽然与智商存在一个正相关的群体规律，但对人类而言，最重要的不是脑的大小，而是脑加工信息的效率。人脑就像一个“高速的计算机网络”，各类信息在大脑的各个区域间传递、加工、整合。这种信息处理的效率是和智商密切相关的重要因素。而大脑信息处理的效率，与一个人所受到的训练和教育以及个人的努力有很大的关系。也就是说，一个人脑袋大不是就一定聪明，脑袋大但是后天不学习、不接受教育，也不经常思考，那大脑加工和传递信息的效率就不会高，这样的大脑也不会是聪明的大脑。

其实，关于脑袋大小与智商的关系问题，研究人员不只研究了人的脑，还研究了各种动物的脑，初步得出了两个结论：

第一，相比脑袋的大小和重量本身来说，脑袋重量占身体重量的比例更重要。一般而言，这个比值越大代表主体越聪明。比如，大象的脑袋比人的脑袋重得多，但是它的脑袋重量占整个身体重量的比例比较小，所以没有人类聪明。

第二，大脑皮层的神经元细胞数量越多，主体越聪明。位于人类大脑表层的大脑皮层，是整个神经系统中最高级的部位，所以，脑的高级功能基本是由大脑皮层实现的。还是以大象为例，虽然大象的脑很大、很重，全脑神经元细胞总数约有 2570 亿个，大约是人脑全脑神经元细胞总数（约 860 亿个）的 3 倍，但大象 98% 的神经元细胞都位于其大脑后部的小脑之中。为什么大象的小脑那么发达呢？我们都知道，大象有一个灵活的鼻子，这个灵活的鼻子就是受其小脑支配的。所以，大象全脑神经元细胞只有 2% 的数量位于大脑皮层，约为 56 亿个，而人的大脑皮层的神经元数量约为 160 亿个，这样一看，大象大脑皮层的神经元数量只是人类大脑皮层神经元数量的 1/3。

人类大脑只开发利用了10%?

Q 常　爸:

关于脑科学，一直以来都有一个这样的说法：人类大脑只被开发利用了10%。这就意味着大脑还有极大的“空间”或潜力可以被开发。

有一部名为《超体》的科幻电影，就是以这个前提来铺陈故事情节的。当神奇的药物在主人公体内生效时，主人公大脑中“未被开发”的神经元迅速苏醒，大脑得到100%的开发利用后，主人公肉身消失，变成了无所不在、无所不能的神。当然，我们都知道科幻电影是虚构的，含有大量夸张且超越现实的情节，但这样的假设总会让人忍不住想：如果运用科学的方式开发利用大脑剩余的空间，我们是不是真的可以变得更加聪明?

A 刘 丽：

大脑里并不存在任何“闲置”的脑区，即便我们休息的时候，我们大脑的默认网络也还在工作。脑是人体中耗能非常大的器官，虽然它的重量仅占到成年人体总重量的 2% 左右，却消耗了我们吸入的 20% 以上的氧气。可以说，脑是一台高效运行的“机器”。**我们知道大脑具备很强的可塑性——“用进废退”。它非常会“节约能源”、讲求效率，不可能会长时间保留没有用的区域，所以大脑里不可能存在 90% 的区域未被开发利用。**

我非常理解大家这种想要更好地开发孩子大脑潜力的美好愿望，但实际上这只是一个伪命题。如果大脑中有很多没有被开发使用的区域，而且是高达 90% 那么多，那么这些区域的损伤应该不会对大脑造成很大的影响。可是有关大脑损伤的大量研究表明，即便是轻微的大脑损伤都有可能导致严重的后果，尤其是成年后的大脑损伤。

我再举一个盲人的例子来说明这个问题。盲人由于看不见，所以没有视觉信息的输入，那么原来用来加工视觉信息的枕叶是否就“闲”下来了呢？并没有。研究发现，盲人的视觉区并没有闲着，而是发生了功能的重塑，用来加工听觉或者触觉的信息，他们的听觉和触觉相比常人会更灵敏。尤其是年龄较小的盲童，这种功能重塑更普遍。这说明我们的脑是不会轻易“闲”下来的。所以说大脑只开发了 10%，实在是毫无根据可言。

Q 常　爸：

还有一个说法——80% 的大脑开发工作在孩子 3 岁前就已经完成了。这和民间的“3 岁看小，7 岁看老”的说法很像。这样的说法有科学依据吗？

A 刘　丽：

从脑发育的角度来看，正常的孩子到了 3 岁，脑的基本结构就非常接近成人了，但是这并不代表脑的发育就完成了，更不代表 3 岁以后就不用再开发孩子的大脑了。这就好像一座大厦建成后，每个房间都还需要精装修，墙面要粉刷、地面要铺地板、厨房要安装橱柜、卫生间要安装卫浴、新家具要入场……更重要的是，我们要铺设各种水、暖、电、网等管线，有了这些，这个家才能发挥它“宜居”的功能。

脑也一样，虽然 3 岁儿童的大脑已经具备基本结构，但脑的功能网络（可以类比为我们说的水、暖、电、网等各种管线）还需要进一步地发育。脑需要在脑区与脑区之间、神经元与神经元之间建立恰当、高效的联系，并要“剪除”不需要的和错误的连接。以上这些过程与家长为儿童成长所提供的营养、环境、教育密不可分。事实上，从出生到成年的十几年时间都是孩子大脑发育的重要时期，家长都应该重视对孩子脑发育的促进。

Q 常　爸：

那就是说，人的大脑发育是一个长期的过程，孩子的发展过

程也不是短暂的百米冲刺，而是马拉松式的渐进过程。我们不能在孩子两三岁时，就把孩子定性为聪明或者不聪明，而应该将目光放得更长远，用更加科学的方式陪伴和养育孩子。

右脑需要专门开发吗?

Q 常　爸:

我们经常在网上看到所谓的左右脑分工示意图，说的是左脑负责逻辑、推理、语言等，是“抽象脑”和“学术脑”；而右脑则是负责音乐、图画、想象等工作的“艺术脑”和“创造脑”，也就是人们常说的左脑理性、右脑感性。有的机构还号称研发出了“右脑开发”的课程，他们宣称“右脑决定实力”“右脑潜能无限”“右脑开发，人生赢家”等。右脑真的需要专门开发吗？家长有必要给孩子报这样的课程吗？

A 刘　丽:

可以明确地说，仅仅强调右脑开发，赋予右脑特殊潜能的课程是没有科学依据的。因为正常人的大脑在执行绝大多数任务时，不会只依赖某一侧大脑，左右脑也不会分开来运行，即使是处理一些简单的信息，左右脑都是分工协作的。也就是说，孩子在学习语文、数学、音乐、美术等课程的时候，都是需要左右脑共同协作的。所以，**右脑不需要单独开发，也很难做到单独开发。**

网上所说的左脑负责什么功能，右脑负责什么功能，其实更多的是指大脑某个半球在某些功能方面具有加工优势，并不是说这个功能只由某个半球来负责，而另外一个半球不参与。某侧大脑可能会更多地承担某些功能，所以这一侧大脑相应地也可以被称为“优势脑”，比如研究认为左脑是语言功能的优势半球。

我们可以把人的大脑想象成一个完整的核桃仁，连接左右两边的部分叫作胼胝体。胼胝体就像一座桥梁，它能在左右脑之间进行双向的信息传递。几乎在所有的活动中，左右脑都是相互补充、协同运作的。**在处理一项任务时，优势半脑会起主要作用，同时非优势半脑也会参与其中。**比如，我们在阅读一篇小说时，左脑作为加工语言的优势半球会有广泛的脑区被激活，这些区域的活动用来识别字词、加工句法，进行基本的语义加工等，而对于整篇小说的语义整合、人物及情境的想象、阅读中情绪的唤起等，都需要右脑的参与。

Q **常　爸：**

也就是说，做绝大多数事情，正常人的左右脑都是既分工又协同，是共同参与的，很少存在只动左脑不动右脑的情况，所以“右脑开发”这样的口号无疑是商家进行宣传的噱头而已。

“左撇子”更聪明？

Q 常　爸：

一般情况下，惯用右手做事的人比较多，但是有些人天生习惯用左手。我们也经常听到有人说“左撇子的人更聪明”。这个说法有科学依据吗？

A 刘　丽：

“左撇子的人更聪明”这个说法并没有充足的科学依据。而且我们应该先想一想，为什么现在大多数人都是右利手，而左利手的人比较少？有一种假说是，进化选择了右手。

Q 常　爸：

人们之所以有“左撇子的人更聪明”的错觉，可能和名人效应有一定关系。也许先是因为有一些人持有“左撇子更聪明”这

样的观点，所以就会根据自己得出的结论去寻找论据，结果还真的找出很多惯用左手的名人，比如，画家达·芬奇、物理学家爱因斯坦和著名演员卓别林，等等，他们都是左利手。或者由于有些名人是左利手，人们就开始猜测左利手的人应该是比右利手的人更聪明。

A 刘　丽：

有这个可能。其实不论是在哪个方面为人类做出杰出贡献的人，绝大多数都是右利手，这符合人群中左右利手的分布规律。

有一种“语言人假说”认为：对身体右侧的偏向可能是语言演化的结果。由于我们的语言是由左脑主导的，而我们的右手也主要是由左脑支配的，因此，“语言人假说”认为两者是有一定联系的。当然，由于我们不可能对先人的脑做神经学的测试实验，也难以调查先人从什么时间开始有了右手优势，所以对这个问题的回答目前还只能停留在假说阶段。

Q 常　爸：

您认为左利手有必要改过来吗？

A 刘　丽：

我认为没必要。如果孩子惯用左手，说明他擅长使用左手，那我们遵循扬长避短的原则，就应该让孩子发挥自己的优势，让他使用他更加熟练的那只手。很多事情就是这样，孩子擅长跳舞就让他去跳舞，孩子喜欢跑步就让他去跑步，孩子惯用左手就让他用左手，这样才能使孩子在竞争中处于优势地位。强行让孩子改过来，等于是人为地让孩子用不擅长的手去做事情，孩子会产生挫败感。

Q 常　爸：

确实如此。我认为还是要分情况而论，如果孩子是强左利手——用筷子、拿笔等几乎所有的事情都用左手，那最好不要改。如果孩子的左利手情况不是很明显，只是偶尔会偏向用左手，那改过来以适应社会习惯也未尝不可。因为我们中国社会的习惯还是明显地偏向于使用右手，而且有很多的设施、设备都是为右利手的人设计的，所以右利手的孩子在生活上的确会更便利一些。

A 刘　丽：

这点我认同，社会习惯的因素也是需要考虑的。我举个例子，我的大儿子是一个典型的左利手。他上了小学，学写字的时候，我就发现他写的“点”的方向都是反着的，比如“雨”字里面的四个点，他写的方向都是朝向左下的。我们花了一些时间教他改过来。即使这样，我仍然觉得让他用他自己擅长的手来写字是更利于他学会写字的。当然左利手倾向不强的，家长可以试着让孩子习惯用右手写字。

男女脑，大不同？

Q 常　爸：

有这样一个观念：男性和女性的大脑存在差异，男性擅长理性思维，女性擅长感性思维，因此彼此擅长的领域也不同。这个说法科学吗？请您来谈谈，基于性别的大脑差异真的很大吗？

A 刘　丽：

这里面包含了几个问题，我先谈一谈“男性擅长理性思维，女性擅长感性思维”这个问题。

关于这个问题，比较权威的证据来自英国的一个研究，这个研究于2018年发表在《美国科学院院报》上。研究对象约60万人，目的是系统地检验男性脑和女性脑在思维方式上有没有差异。人脑思维分为同理心思维（类似感性思维）和系统化思维（类似理性思维）。研究发现：

1. 女性的同理心思维商数要高于男性，男性的系统化思维商数要高于女性。

2. 大部分女性都是同理心思维商数大于系统化思维商数；个别女性还特别极端，同理心思维非常强，系统化思维特别弱。

3. 大部分男性都是系统化思维商数大于同理心思维商数；个别极端的男性，系统化思维非常强，同理心思维非常弱。

但是，这也存在个体差异。也就是说，在女性里面，也有系统化思维很强的；在男性里面，也有同理心思维很强的。

Q 常 爸：

所以，虽然大多数男性擅长理性思维，大多数女性擅长感性思维，但一定要明确的是，人与人之间存在着普遍的个体差异，不能一概而论，还是应该根据自身的实际情况来看的。

A 刘 丽：

是的。对于您说的第一个问题，基于性别的大脑差异真的很大吗？其实，就目前的研究结果来看，并不大。比如，有观点认为，男性的脑更加“左侧化”，而女性的脑更加“双侧化”。然而对过去 40 年研究的一个综述性研究认为：大脑偏侧化的性别差异效应非常小，基本只能在大样本或者对多个研究的荟萃分析中才能稳定地观察到。

更重要的是，**脑的差异不等于行为表现的差异。有一种观点认为，其实有些情况下男女脑的差异是为了让男女的行为表现得更为一致。**怎么理解呢？我举个例子，一个男孩和一个女孩从同一个起点去一个地方，女孩骑车去，男孩走路去，为了同时到达这个地点，男孩抄了近路。男孩和女孩采用不同的出行方式，可以类比为两性脑之间的本质差异，而采用不同路线，其实是他们为了同时到达某个地点而采用的不同策略，可以类比为两性的脑为了达到同样的行为表现，而采取的不同的加工策略。这里的“两性在脑的加工策略上的差异”其实是为了让他们的行为表现更加一致，就像同时到达某个地点。所以，不能因为男女的脑有些差异（其实差异并不大），就觉得男孩和女孩的能力存在本质的差异。

Q 常　爸：

您曾经提到过个体的差异不仅体现在其所擅长的领域不同，还体现在其发育轨迹的不同，男孩和女孩的脑发育轨迹有什么不同吗？

A 刘　丽：

有研究报告称，男孩的额叶和顶叶的灰质密度达到顶峰的时间要比女孩晚 1~2 年，而额叶和顶叶是人脑的执行控制网络的重要组成区域。**因而整体来看，小学阶段的男孩可能会比女孩在自我控制方面表现得稍差一些。**

Q 常　爸：

从脑科学的角度来说，男孩和女孩是否有必要有所侧重地去教育和训练呢？

A 刘　丽：

宏观来看，我不建议性别差异化的教育。我理解教育的目的是让每一个孩子成长为更好的自己，在什么是“好”的价值判断上，男孩和女孩都是一样的。女孩也可以坚强、勇敢、英姿飒爽；男孩也可以细心、温暖、体贴入微。而且前面我也讲了，男孩和女孩的脑即使有所不同，这些不同有时候其实也是为了达到相同的目标。

还有一些性别差异其实是教育、社会文化造成的，并不是性别带来的。比如，我们的社会文化要求女孩要文静，所以家长往往对于女孩的行为限制得比较多；我们的社会文化要求男孩要阳刚，所以家长往往不喜欢男孩子爱哭、软弱的行为。我个人认为，这种社会长期以来形成的、潜移默化的以至我们都意识不到的性别差异化教育的思想，才是需要纠正的。

身体会反抗大脑吗?

Q 常　爸:

有的孩子说：“我也想考 100 分，但是我就是不想写作业。”这些孩子，可能制订了“每天按时完成作业”的学习计划，但就是总也管不住自己，没有办法按照既定的计划执行，所以下次考试还是得不到理想的成绩。这是不是因为身体会反抗大脑呢?

A 刘　丽:

这就要谈到大脑的决策通路了。我们的大脑有两个主要系统参与决策，一个是理性的决策系统，是由我们的前额叶做出理性的决策；另一个是相对古老的情感决策系统，主要由杏仁核和伏隔核等组成，它是与快乐、喜爱、厌恶这些情感紧密联系在一起的。

这两个系统做出的决策有时候会保持一致，有时候则不尽一致。比如要不要打疫苗，如果是杏仁核和伏隔核来做决策，由于打疫苗会带来身体的疼痛，属于我们厌恶的刺激，那么答案就是“NO”；如果是前额叶来做决策，虽然打疫苗会很疼，但是可以预防我们生病，用较小的代价换取健康，答案就是“YES”。

当杏仁核、伏隔核等和前额叶的决策不一致的时候，这两个决策就会像两个人一样“争执、打架”，那么就要看谁能“争得过”谁，谁能“打得过”谁，谁就能取得最终决策的权利。我们经常说有的人比较理性，有的人比较感性，就是这个道理。回到您刚才问的问题，我们就知道了这不是“身体会反抗大脑”，而是我们的“情绪脑”与“理智脑”之间的冲突。

每个人的判断和决策都是不一样的，有的人理性决策系统强一些，有的人情感决策系统更强一些。在个体发展的不同时期，决策依赖的脑机制也有所不同。儿童、青少年时期，我们会更加依赖杏仁核的决策机制，而成人时期，随着前额叶的发育成熟，我们会更加依赖前额叶的决策机制。

此外，我们的判断和决策也会受到环境的影响。比如，你是一名小学生，正在做作业，你的理性决策系统告诉你：“要认真写作业，不要左顾右盼。”若你一个人在房间里做作业，应该可以做到。但是如果你身边正好有一个同伴一直在打电子游戏，一边玩一边发出声音，然后还一直对你说：“一起玩啊！玩两局再接着写作业也来得及。”那么，这个时候你的情感决策系统也会跳出来“帮腔”：“没事的，你已经写半小时了，可以玩一会儿的……”总之就是为你玩游戏找借口，那你的情感战胜理性的可能性就会大大增加。所以，人在某些时刻是感性还是理性，这是一个很微妙的事情。

Q 常　爸：

前额叶在这里充当的是负责理性决策的角色。我记得您说过，孩子的大脑额叶要到他青春期结束后才能最终发育完全，也就是说一个孩子要到青春期后才能较为理性地做出决策。在相同的情境下，相对于成熟的成年人，孩子能做出理性决策的困难要更大一些。所以，从这个角度来看，父母的监管和陪伴尤为重要，因为在孩子小时候，父母需要承担起一部分“前额叶的功能”，帮助孩子分析、规划和判断，让他们做出更加理性的决策。

A 刘　丽：

对，除了帮助孩子做理性的决策，家长还需要尽量帮助孩子了解和学会如何选择朋友，因为随着孩子年龄的增长，他的决策会越来越多地受到同伴的影响。另外，家长还要注意自己与孩子沟通的方式，要在自己相对平和的情绪下，尝试和孩子做更加有效的沟通，以便孩子更好地接受父母的建议。

本章小结

- 智力不是一成不变的，环境、教育、个体的学习经验对于人的智力都能够起到重要的塑造作用。

- “脑容量的大小与智商正相关”是一个群体规律，具体到每一个个体身上，并不一定是脑袋大的就更聪明。对人类而言，最重要的不是脑的大小，而是脑加工信息的效率。

- 大脑里并不存在任何“闲置”的脑区，即便我们休息的时候，大脑的默认网络也还在工作。

- 孩子从出生到成年的十几年时间都是脑发育的重要时期，家长都应该重视对孩子脑发育的促进，脑的开发完全不应该在 3 岁停止。

- 几乎在所有的活动中左右脑都是相互补充、协同运作的。所以，右脑不需要单独开发，也很难做到单独开发。

- “左撇子的人更聪明”这个说法并没有充足的科学依据。如果孩子是强左利手——用筷子、拿笔等几乎所有的事情都用左手，那最好不要改。如果孩子的左利手情况不是很明显，只是偶尔会偏向用左手，那改过来以适应社会习惯也未尝不可。

- 男孩和女孩的脑即使有所不同，这些不同有时候也是为了达到相同的目标。其实有些性别差异是教育、社会文化造成的，并不是性别带来的。

- 在孩子小时候，父母需要承担起一部分“前额叶的功能”，帮助孩子分析、规划和判断，让他们做出更加理性的决策。

第三章
脑发育常识

人类善思考、爱学习、会说话、懂情感，这是为什么呢？关于脑，你了解多少呢？下面，跟我们一起来认识脑吧！

脑基本结构和功能分化

Q 常　爸：

除了学习过脑科学相关专业知识的研究人员外，大部分普通家长对脑的了解仅限于“脑是人体最重要的器官之一，所以一定不能受伤”，我们对脑的基础知识了解甚少。所以，先请刘老师为我们讲解一下脑部的基本结构以及功能，然后我们再继续探讨脑科学与孩子发展的相关问题吧！

A 刘　丽：

从宏观角度来看，脑部的基本结构分为大脑、小脑、间脑①和脑干②。无论是大脑还是小脑，都分为左右两个半球，它们的

① 其功能主要是对躯体性与内脏性感觉冲动的接受与初步整合。

② 其功能主要是维持个体生命，控制心跳、呼吸、消化、体温、睡眠等重要生理功能。

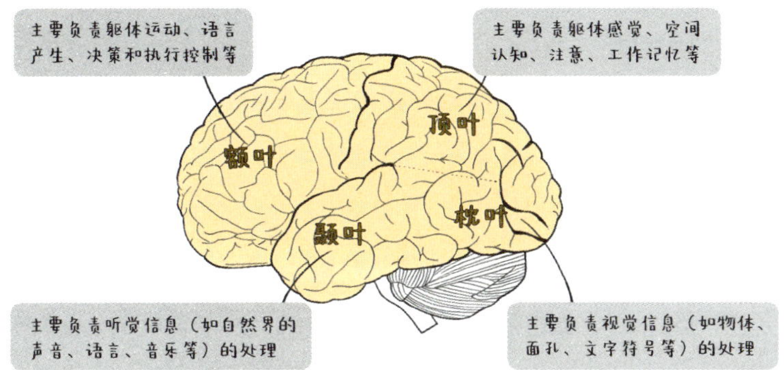

图 2　脑部结构及功能示意图[①]

内部还有很多分区。这里需要向家长们科普一下脑的结构和功能：大脑皮层大致可以分为枕叶、颞叶、顶叶和额叶这几个部分（图 2）。

枕叶的位置在靠近后脑勺的区域，但有意思的是，这个分区的主要功能是负责人类的视觉加工，我们眼睛接收到的信息都是在这里进行加工、处理的，比如枕叶参与面孔的识别、文字的阅读，等等。

颞叶位于耳朵附近的位置，主要负责人类的听觉以及语言功能。比如我们能听到自然界的风声、雨声，理解别人说的话等，主要就是颞叶在发挥作用。

---

① 图片为维基百科自由版权作品，原矢量图作者为 Mysid.

顶叶位于中上部，主要负责躯体感觉、空间认知、注意、工作记忆等功能。

额叶位于前部，它的结构和功能非常复杂和综合，既包含躯体运动区域（中央前回），也包含语言产生区域（如额下回），还包含非常高级的决策和执行控制区域（背外侧前额叶）等，所以我们有时也称前额叶是大脑的总控制处。

大脑这四个功能区下还有更加细分的“小功能区”，主要分为初级的感觉运动皮层和高级的联合皮层，前者处理相对简单的信息输入，后者是对信息进行整合加工。

Q 常　爸：

这就相当于在一个大厦里，有办公区、商业区、餐饮区等分区，在这些区域中还有更加细分的功能区，比如办公区域中，包含工位区、会议室、会客区、休息区等细分区域。

A 刘　丽：

是的，可以这样理解。不过大脑的细化分区要复杂得多。比如说，枕叶中包含着人类的初级视觉皮层，处于枕叶皮层最靠后的位置，它负责加工最简单的点、线等视觉特征。而枕叶区域的视觉联合皮层能够加工的视觉信息则比较复杂，比如参与物体的识别、面孔的识别等。如果一个人初级视觉皮层完好，而视觉联合皮层受损，那么这个人虽然视敏度完好，能看见光，但他不能判断自己看到的是什么，即他失去了把视觉输入的信息整合起来形成客体知觉的能力。

Q 常　爸：

识别文字也是枕叶的功能吗？

A 刘　丽：

是的，但不仅限于枕叶。从进化的角度来说，文字是人类文明发展到一定程度才创造出来的产物，现在有的少数民族甚至只有语言而没有文字。所以，**人脑并没有为识别文字专门准备一块加工区域，人类需要经过相对长时间的学习，才能在枕颞联合皮层形成一块文字识别区。**

有意思的是，近年来小脑的功能也逐渐受到科学家的重视。**早期研究认为，小脑的功能主要是参与机体运动和保持平衡，近年来越来越多的研究者认识到小脑可能有认知功能。**比如，在阅读障碍[①]的成因中，就有一种理论认为是小脑的缺陷导致了阅读障碍，被称为“阅读障碍的小脑缺陷假说”（关于阅读障碍的更多内容请参见本书第五章）。

从微观的角度来看，和人体的其他器官一样，大脑的基本构成单位也是细胞。这些大脑细胞可以分为两类，一类是构建我

① 阅读障碍是一种神经发育性障碍，患有该症状的人的主要表现是识字不准确、阅读速度缓慢，难以理解阅读内容。而这种阅读方面的困难并不是由个体智力低下或学习动机以及受教育机会不足造成的。

们的大脑，并能够使大脑产生功能的细胞，我们称它们为神经细胞；还有另一类是为神经细胞提供营养和支持的细胞，叫作胶质细胞。神经细胞还有一个专门的名称，就是神经元(图3)。神经元的细胞体上长有一些突起，这些突起有的个头小、数量多，叫作树突；有的比较长，个头也比较粗大，叫作轴突。我们可以把树突和轴突理解为神经元的分叉。树突的作用是接受刺激，将神经冲动传入细胞体；轴突的作用是将神经冲动传出细胞体。所以，两个神经元之间信号传递的方向是从一个神经元的轴突传向下一个神经元的树突。

如果我们对大脑进行解剖，会看到在它的横截面上，周围颜色比较深，中间颜色比较浅。我们把周围呈咖啡灰色的部分称为灰质，把中间浅色的部分称为白质（图4)。灰质主要是由神经元细胞体聚集形成的，白质主要是由神经元的轴突聚集形成。**灰质是大脑用来处理和加工信息的，而白质负责输入、输出不同脑区处理的信息。**我们可以打个比方，灰质就像一台一台的计算机，白质就像把不同计算机连接起来的网线。

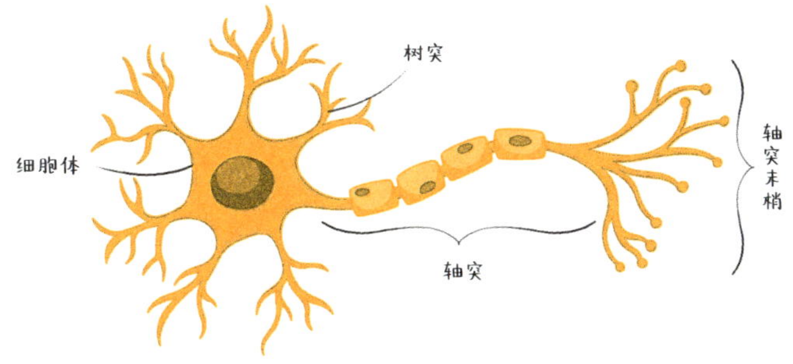

图 3　神经元

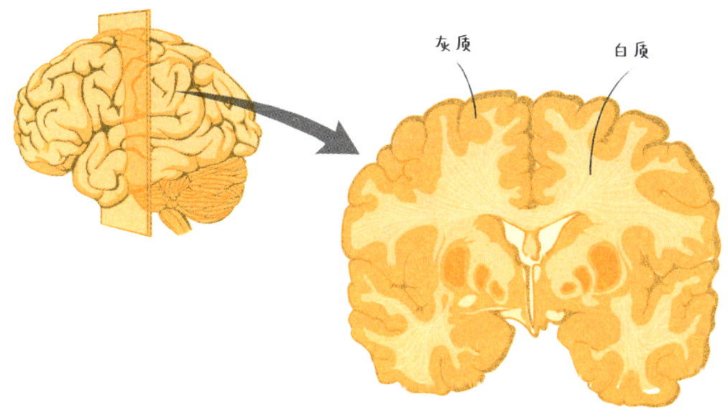

图 4　灰质和白质[①]

---

① 图片来源于 *Operative Neurosurgery*.

脑动态发育总览

Q 常　爸：

刘老师，请您总体介绍一下人脑的整体发育历程吧！您刚才从宏观和微观两个角度介绍了脑的基本结构，那么脑的发育历程是否也可以从宏观和微观两个角度来看呢？

A 刘　丽：

是的，脑的发育历程也可以从宏观和微观两个角度来看。我先介绍一下脑发育的宏观历程。

人脑一直处于动态变化之中，从个体出生到成年的十几年时间，是脑发育最快、可塑性最强的时期，也是其各种能力发展与学习的黄金时期。从头围来看，2 岁幼儿的头围约达到成人头围的 85%；从重量来看，2 岁幼儿的脑重约为成人脑重的 75%，3 岁幼儿的脑重约为成人脑重的 90%。从脑的宏观结构来看，幼儿2岁时，脑的各部分结构及比例已经接近成人。

需要注意的是：**虽然幼儿在3岁左右时，脑的大小、重量、宏观结构等方面都已经接近成人，但这并不表明幼儿脑的智能（功能）已经接近成人。**儿童脑的智能发育还需要在外界环境的刺激下，经过长期的学习，才能达到成人的水平。这就像一台电脑，虽然安装了很多程序，比如设计软件Photoshop，但是不同的人用这个程序做出什么样的作品，会有很大的差异。儿童的智能发育是先天的脑发育与后天的学习、教育共同作用的结果。其实严格来说，脑发育本身就是先天和后天相互作用的结果。

Q 常 爸：

大脑哪些部分先发育，哪些部分后发育？孩子的相关能力是不是也有相应的先后发展顺序？

A 刘 丽：

总的来说，**大脑的各部分遵从初级的感觉运动区（如初级视觉皮层、初级听觉皮层、初级运动皮层等）先发展，然后是更高级的联合皮层的发展。**比如：颞叶的联合皮层（如颞上回后部）负责整合多个通道的信息，所以发育得要晚一些。顶叶和额叶的联合皮层承担着注意、执行、决策等多种脑的高级功能，因而也发育得比较晚。

在孩子的相关能力表现上，最先开始发展的是各种感觉和运动功能，然后是情绪情感、反应习惯，接下来是语言、同伴交往，最后是概念、数字意识等。整体上是这样的规律，但是具体到每一个孩子时，个体的差异也很大，整体的规律不能代表个体差异。比如，有些孩子的数感发展得早，就会表现出非常出众的数学能力。

近年来很多研究把脑看作一个复杂网络。从网络的视角来看，孩子在出生时就已经有着类似成人的脑结构网络的组织模式了，在之后的发展过程中会进一步精细调整；而脑的功能网络的发展变化则比较大，尤其是会发生脑功能网络的核心区域（信息传递的枢纽）从初级感觉运动区到高级的认知功能区的转变。从这些信息也可以看出，虽然幼儿时期脑的结构已经发育得比较好了，但脑的功能发育还有很长的路要走，学习、教育在这个过程中扮演着重要的角色。

Q 常　爸：

您谈到的这些脑的功能发育的基本规律对于孩子的教育非常有参考价值，我们在养育孩子的时候应该遵循这些规律。刘老师，您再从微观角度来给我们介绍一下脑的发育规律吧。

A 刘　丽：

好的。我们知道，人脑是由约 860 亿个神经元组成，这个数量在我们出生时基本就已经达到了，后期变化不大。神经元的数量不会再显著增长，这似乎不是一件好事。但是实际上事情并没有那么悲观，因为在脑的发育过程中，神经元上的树突和轴突可以不断生成新的“分支”，“分支”还会修剪，使得脑的神经网络产生非常大的变化。

此外，另外一个比较重要的变化就是白质的髓鞘化。髓鞘是神经元轴突外面包裹的一层膜，它起到让轴突绝缘的作用。当多个神经元同时工作时，轴突的髓鞘化能够避免多个神经元电信号之间的互相干扰，进而提高信号传递的速度和准确性。不同的是有些脑区髓鞘化完成得早，有些脑区髓鞘化完成得晚。正是树突、轴突的发育以及髓鞘化等变化，伴随着个体的脑发育进程。

孩子刚出生的时候，脑的突触连接非常稀疏，密度很低；随着孩子年龄的增长和外界刺激的持续增多，突触会长得越来越密；再后来，突触又会变稀疏。这种先少后多，然后又变少的现象是怎么回事呢？其实，它所反映的是一个人大脑的微观发育过程。

可以用一个形象的比喻来解释这个现象的原理：假如人类在一座大城市周边建造了几座卫星城，为了方便沟通，这些卫星城之间都铺设了一条公路。后来，由于有些卫星城间的联系和沟通越来越多，原来的路已经满足不了日益增加的交通流量。于是，人们就拓宽了原来的公路，把原来的双车道变为四车道，甚至六车道，越修越宽。这样，两个卫星城的人员交流、物品流通也越来越频繁，相互之间的联系越来越紧密。而有些卫星城由于种种原因，沟通交流非常少，人们基本不会相互走动，那原来建好的公路也用不上，于是渐渐地就会荒废，直至不再被使用。

Q 常　爸：

也就是说，人刚刚出生时，受到的外界刺激很少，神经网络就比较简单；后来渐渐长大，接触到生活中各种各样的刺激和影响，也需要应对生活中丰富的挑战，从而突触增长越来越密，形成了各种神经网络。但是后来，有些“路径”可能没有发展或者没有被重视，总之没有受到强化，那自然而然就会被弱化，之后会慢慢退化。

A 刘　丽：

是的，大脑是一台追求高效的“机器”，某一条“路径”使用得多，它就会把能量提供到那里，长期不使用的多余“路径”，它就会干脆废掉，以提高大脑信息传递的效率。大脑的这个发展原理不仅适用于孩子，在某些学习领域对成年人也适用，所以，我们需要保持学习、不间断地锻炼大脑，才能够保持某些“网络”的持续发展。比如，长期的钢琴训练会让钢琴家的听觉皮层更加发达；出租车司机因为要记住很多很复杂的路线，所以他们的海马体就会变大。

Q 常　爸：

这让我想起了一个著名的脑科学研究：

神经系统科学家埃利诺·马圭尔（Eleanor Maguire）曾利用磁共振成像技术来观察伦敦出租车司机的大脑，并将其与普通男性的大脑进行比较。他发现出租车司机的海马体更大，并且，当出租车司机的时间越长，其海马体的后部就越大。

几年之后，埃利诺·马圭尔又进行了另外一项研究，他将伦敦出租车司机的大脑与公共汽车司机的大脑进行对比。研究发现：出租车司机的海马体后部，明显比公共汽车司机海马体的同样部位大得多。产生这种结果的原因是：虽然公共汽车司机在伦敦开车也有几年之久，但他们这几年来都是重复走比较固定的一条线路，不必去思考从一地到另一地的最佳线路。

以上这些研究都向我们揭示了大脑是可以通过训练而更加优化的。

本章小结

◆ 大脑皮层大致可以分为枕叶、颞叶、顶叶和额叶这几个部分，大脑这四个功能区下还有更加细分的“小功能区”。

◆ 人脑一直处于动态变化之中，从个体出生到成年的十几年时间，是脑发育最快、可塑性最强的时期，也是其各种能力发展与学习的黄金时期。

◆ 儿童的智能发育是先天的脑发育与后天的学习、教育共同作用的结果。

◆ 大脑的各部分遵从初级的感觉运动区（如初级视觉皮层、初级听觉皮层、初级运动皮层等）先发展，然后是更高级的联合皮层的发展。

◆ 大脑是一台追求高效的“机器”，某一条“路径”使用得多，它就会把能量提供到那里，长期不使用的多余“路径”，它就会干脆废掉，以提高大脑信息传递的效率。

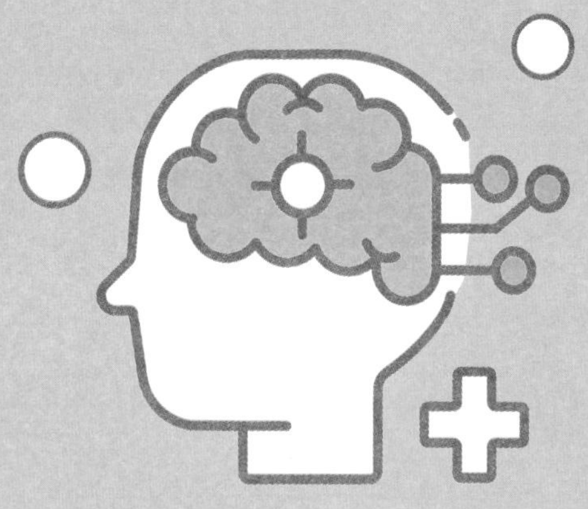

第四章

脑发育的影响因素

每一位父母都希望自己的孩子能聪慧过人，那么作为家长，你知道影响孩子脑发育的因素都有哪些吗?

影响脑发育的因素有哪些？

Q 常　爸：

一个人大脑的发育受哪些因素的影响呢？我们应该怎样去避免不良的影响呢？

A 刘　丽：

影响大脑发育的因素大体可以分为遗传和环境两个大方面。首先，遗传的影响是指父母遗传给孩子什么基因，孩子就获得什么样的基因，这是我们没有办法左右的。其次，环境的影响也是很重要的。当然，这两个因素之间也会有交互作用。比如说，有的孩子天生携带阅读障碍的风险基因，但是如果他的家庭为他提供了很好的阅读环境，并及时进行干预，那就能够在很大程度上弥补这种风险基因带来的影响，所以他后期并不一定就真正发展为阅读障碍者。

Q 常　爸：

遗传因素所占的比重大吗？有没有决定性的作用？

A 刘　丽：

遗传因素和环境因素对人脑功能的不同领域产生的作用是不一样的。人的智力、语言能力、数学能力、情绪情感、气质和性格等不同方面，受到这两种因素的影响也都是不一样的。有的方面受基因影响大一些，受环境影响小一些；有的方面受基因影响小一些，受环境影响大一些。

比如，对双生子进行的研究发现，智商的遗传度[①]在 0.5 左右，记忆能力的遗传度在 0.2 左右，学业成绩的遗传度在 0.4 左右，职业兴趣的遗传度在 0.4 左右。需要注意的是，不同的双生子研究估计的遗传度差异比较大，对于人脑高级智能多大程度上受到遗传的影响，目前尚没有权威结论。

Q 常　爸：

环境的影响指的是哪些方面呢？

---

① 遗传度指遗传因素起作用的程度，如遗传度 0.2 表示遗传因素的作用仅占 20%，而环境因素的作用占到 80%。

A 刘　丽：

首先是宏观环境。每个人所生活的自然环境和社会环境都会影响我们的大脑发育。比如，环境污染会对孩子的脑发育造成不良影响，环境中铅含量超标，会导致孩子的脑发育不良。

除了宏观环境，再往小一点看，学校和家庭环境也会对孩子的脑发育产生影响。学校的软硬件条件的优劣与教育质量的高低，家庭的社会经济地位、文化环境，以及家长的教育方式、家庭氛围等，都是很关键的因素。

有些家长可能听说过“三千万词汇鸿沟”的概念，这个概念源于美国学者 Betty Hart 和 Todd R. Risley 在八十年代对美国堪萨斯州不同家庭进行的长期追踪研究。他们追踪了一些高社会经济地位的家庭、中等社会经济地位的家庭、低社会经济地位的家庭、接受救济的家庭。研究发现，儿童到 4 岁时，在与家庭成员的互动中累计所听到的词汇量，高社会经济地位家庭中成长的儿童比需要接受救济的家庭的儿童要多出三千多万。从这个研究中可以看到，家庭社会经济地位对孩子的巨大影响。

最后，还有孩子的自身因素。吸烟、酗酒等不良习惯都会影响孩子大脑的发育。此外，孩子的学习经验也会影响孩子的脑发育，各类学习经验（阅读、运动、艺术训练等）会塑造孩子的脑，促进孩子脑的发育。

天赋和努力哪个更重要?

Q 常　爸:

有的孩子天生就很聪明，好像不用付出太多努力也能比别人学习好。在我们的公众号里，也会经常探讨“天赋和努力哪个更重要”的话题。请您从脑科学的角度来讲一讲吧!

A 刘　丽:

这是一个老生常谈的话题，我直接给出我的答案：**天赋和努力都重要。**并且，我想补充经常被大家忽视的一点，就是除了“天赋”和“努力”之外，**“环境”也非常重要。**下面我来详细说说我的观点。

说到天赋，您这里说的是“聪明”，我们一般是指智力水平。美国心理学家卡特尔等人认为，智力因素主要包括两种：**流体智力和晶体智力。**

流体智力是指与个体基本心理过程有关的能力，如知觉、记忆、运算速度和推理能力等。**流体智力大多是天生的，它就是所谓的“天赋”。**

晶体智力则是经验的结晶，它是在一定的社会文化背景中习得的，比如通过学习获得的语言知识、计算能力和艺术技能等。晶体智力依赖于后天的学习和经验。

由于流体智力与大脑的神经机能密切相关，所以流体智力会随着个体年龄增长，在青年期达到巅峰，而晶体智力却会随着个体年岁增长，经验和阅历的丰富而持续增长（图 5）。

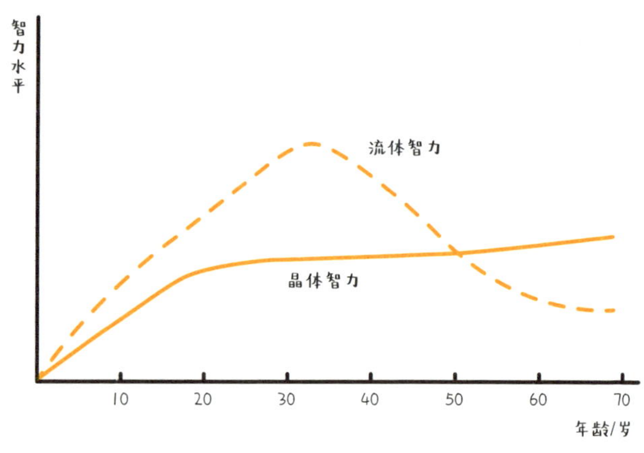

图 5 流体智力与晶体智力发展示意图[①]

① 图片来源：《国际儿童领导力评估量表》，汪景云。

如果一个孩子表现得很有天赋，很聪明，只是说明他的流体智力很高。但是晶体智力依赖于后天的学习，如果一个人不努力学习，再好的“天赋”终究也会被“错付”。我们身边也许就接触过一些从小天资聪颖，自认为智商高不需要努力就能成功，但最后一事无成的人。

北宋文学家王安石创作的一篇散文《伤仲永》，讲述了“神童”方仲永因后天没有接受良好教育而变成普通人的故事。所以你说“天赋”和“努力”哪个更重要呢？我觉得都很重要，重点还是要看各自怎样去发挥作用。

其实对于学习而言，天赋（流体智力）重要，努力重要，学习方法和学习品质也非常重要。一个流体智力不高的孩子，如果掌握了正确的学习方法，拥有良好的学习品质，再加上自身的努力，一定也可以取得不错的成绩。所以，对于那些家长认为不太聪明的孩子，不要只一味给孩子灌“笨鸟先飞”之类的心灵鸡汤，更重要的是要帮助孩子掌握科学的学习方法，培养他良好的学习品质。

除了天赋和努力之外，我还想强调一下“环境”的重要性。我这里想讲的环境不是一般性的物理环境，而是孩子的“人际环境”。如果家长想要孩子学习好，我给家长的一个建议就是，让孩子多与热爱学习的小朋友接触，多观察学霸的学习方法和学习习惯。

Q 常 爸：

天赋就像是一个人的起跑线，但最终能跑多远取决于你跑得有多努力，你能坚持多久，以及你跑步的方法是否科学，而并不是说一个人有了天赋就能“躺着”乘风破浪了。就像您提到的“家长要帮助孩子掌握科学的学习方法，培养他良好的学习品质”，我觉得这才是实实在在能促进孩子晶体智力发展的方法，非常实用。

睡眠时间与脑发育有什么关系？

Q 常 爸：

很多人笃信“8 小时睡眠”理论，认为成年人每天应该保持7~8 小时的睡眠时间，儿童的睡眠时间则要更长一些。现在大家普遍认为 3~6 岁的孩子每天需要睡够 10 小时，并且要早睡早起，第二天才能精力充沛。幼儿园基本上都有 1~2 小时的午睡时间，但有的孩子就是睡不着，不仅孩子很苦恼，老师和家长也很担忧，怕孩子睡眠不足会影响其生长发育。那么，睡眠时间和脑发育到底有什么样的关系呢？孩子应该睡多长时间才合适呢？

A 刘 丽：

小婴儿确实需要大量的睡眠，科学家猜测这与其脑发育成熟有着密切的关系。关于睡眠与脑发育的关系已经有了大量的研究，虽然还比较碎片化，并不能完整地揭示睡眠是如何影响

脑发育的，但已经有了一些重要的发现。

首先，大量研究发现睡眠与记忆巩固的关系密切。在睡眠过程中，神经元之间的连接有可能被重塑，这种重塑是学习与记忆的基础。除了与记忆巩固关系密切以外，睡眠也与注意力、决策判断、情绪健康密切相关。我们都有这样的感受，如果自己晚上没睡好，第二天就容易控制不住自己的情绪，遇到问题的时候容易发脾气。

其次，早期研究发现，快速眼动睡眠（睡眠周期见表 1）可能提供了一种内源性的脑活动的来源，有可能与中央神经系统，特别是视觉系统的发育成熟密切相关。

表 1　睡眠周期表

	类型	阶段	状态
一个睡眠周期	非快速眼动睡眠	第1期：入睡期	介于清醒和睡眠之间，半睡半醒
		第2期：浅睡期	身体进入放松静止状态，意识逐渐与四周环境脱离
		第3期：熟睡期	恢复精力的主要阶段，身体极度放松，不容易被唤醒
		第4期：深睡期	
	快速眼动睡眠	第5期：快速眼动睡眠期	梦境期，眼球会在紧闭的眼皮后面快速地左右移动，容易被叫醒

20 世纪 50 年代，科学家在观察儿童睡眠的脑电波变化时发现，儿童在睡眠过程中有一段时间的机体脑电波活动很特殊，看起来不像是处于睡眠状态，更像是处于清醒状态，最奇怪的是他们的眼球不停地左右移动。为此科学家们把这一阶段的睡眠，称为快速眼动睡眠。科学家认为快速眼动睡眠和做梦是有一定联系的。生动的梦境可能刺激中央神经系统，特别是视觉神经系统的发育。

最后，近年来，研究者们也开始关注非快速眼动睡眠，发现这种睡眠也与脑的发育成熟有着密切关系，甚至有科学家认为非快速眼动睡眠是脑成熟的关键。

2019 年《科学》(*Science*) 上有一篇非常有趣的文章，文中称睡眠时脑脊液会进入大脑，清除像 β 淀粉样蛋白（一种神经毒性物质，与神经退行性病变有关）这样的代谢副产品，让我们在一觉醒来后能恢复到更理想的运行状态。这个研究从新的角度让我们理解睡眠对脑的运行的重要性。

Q 常　爸：

我们每一天需要睡多长时间呢？有没有一个标准？很多父母比较担心的是孩子睡不够，从而影响孩子的大脑发育。

A 刘　丽：

我国教育部在《综合防控儿童青少年近视实施方案》中要求确保小学生每天睡眠 10 小时、初中生 9 小时、高中生 8 小时。我国教育部颁布的《幼儿园入学准备教育指导要点》，其中提到了逐步调整一日作息。“在充分保证幼儿自主游戏时间的前提下，大班下学期适当延长单次集体活动的时间，适当减少午睡时间。”美国国家睡眠基金会（National Sleep Foundation）推荐的睡眠时长见表 2。

这是一个针对群体的一般性建议，落实到个体身上的差异

表 2　美国国家睡眠基金会推荐睡眠时长表

年龄	推荐睡眠时长	不推荐睡眠时长
新生儿（0~3个月）	14~17小时	不足11小时或超过19小时
婴儿（4~11个月）	12~15小时	不足10小时或超过18小时
幼童（1~2岁）	11~14小时	不足9小时或超过16小时
学龄前儿童（3~5岁）	10~13小时	不足8小时或超过14小时
学龄儿童（6~13岁）	9~11小时	不足7小时或超过12小时
青少年（14~17岁）	8~10小时	不足7小时或超过11小时
年轻人（18~25岁）	7~9小时	不足6小时或超过11小时
成年人（18~64岁）	7~9小时	不足6小时或超过10小时
老年人（65岁以上）	7~8小时	不足5小时或超过9小时

比较大。有的孩子睡眠时间就是很少，但是他们也能精力充沛地度过每一天。我们也会接触到很多这样的孩子，有些幼儿园大班或者小学一二年级的孩子每天就睡 8~9 个小时，但是一样可以精神抖擞。

关于睡眠，其实不仅睡眠时长重要，睡眠的节律（sleep cycle）也就是作息的规律也很重要。

一项发表在《发展认知神经科学》上为期一年的追踪研究表明，对于青少年来讲，睡眠时长的变化（比如今天 5 小时，明天 10 小时）比睡眠时长本身对这些孩子脑白质发育的影响更大；时长变化越大，白质的完整性越低。

所以，保证孩子良好的作息规律尤为重要。

运动少对孩子的脑发育有什么影响？

Q 常　爸：

经常听一些朋友说自己的孩子比较“宅”，不喜欢运动。那么，运动少对孩子的脑发育有什么不良影响吗？

A 刘　丽：

当前我还没看到过关于“运动对于脑发育的影响”比较权威的研究报告。但有不少研究表明：**运动能够增强人的记忆力。**很多记忆大师在讲他们的记忆诀窍时，也经常提到体育锻炼的重要性。此外，运动除了能够增强个体记忆力外，也可以促进人体产生内啡肽[①]和多巴胺[②]，让人产生积极情绪，感到快乐、放松，

① 内啡肽是一种脑下垂体分泌的激素，具有缓解压力和镇痛的作用。

② 多巴胺是一种神经递质，它传递兴奋与开心的信息，也与各类上瘾行为有关。

精神愉悦。所以对于促进孩子的脑发育来说，运动是非常好的一种形式。运动的种类也很多，有些运动可以促进孩子身体的协调能力，如手眼协调能力，而手眼协调能力是孩子学习书写的基础。有些运动需要团队协作、战术策略，能够让孩子大脑的额顶网络得到锻炼。但是这里需要强调一下，虽然运动对孩子脑部发育有帮助，但是要适量，不能过度。

Q 常　爸：

作为家长，我们应该让孩子多进行户外运动，我觉得最好的方法就是家长和孩子一起运动。其实，这也是我一贯主张的，与孩子共同成长，育儿育己，何乐而不为呢？反过来，如果家长自己不爱运动，又怎么能要求孩子呢？

A 刘　丽：

您说得太对了！我就是那个“自己不爱运动的家长”，需要反思　下白己了。

Q 常　爸：

我的经验是家长最好制订一份“共同运动计划表”。比如把每天下班后的某个时间段，作为家长和孩子的户外运动时间，亲子可以一起散步、打球、慢跑、跳绳。然后，每个周末家长带着孩子去爬山、划船、逛公园、放风筝……一旦制订这样的计划并按照计划执行，就能让孩子建立起一个户外活动的好习惯。在我

们运动的同时，更重要的是把这段时间打造成“亲子快乐时光”，孩子也会特别喜欢。

A 刘　丽：

这个建议很好。如果家长实在太忙，没有那么多时间陪孩子活动，也可以让家里的老人带着孩子在小区里散散步，或者约上小区里年龄相仿的孩子一起运动。即使有些孩子并不相熟，但只要把他们带到户外，他们就很会自然地一起玩耍了。无论是互相追逐，还是玩一些其他的游戏，都能增加他们的户外活动量。

课业过多，压力过大，会对孩子脑发育造成影响吗？

Q 常　爸：

当今社会生活中，我们每个人都有各自不同的压力，孩子也不例外。很多家长担心：如果课业过多、压力过大，会对孩子的脑发育造成不良的影响吗？

A 刘　丽：

关于课业压力对孩子脑发育的影响，我们不能简单地认为课业压力大，孩子就会脑发育不良。回答这个问题，需要考虑三个方面的因素：

一是压力本身的因素。压力有多大，持续时间有多长？

二是孩子本身的因素。有的人越压越强，有的人一压就倒。我们得根据孩子的具体情况来看待这件事情，家长无须过度焦虑。

三是孩子的支持系统，主要是看家庭的支持作用有多强。有些孩子的课业压力很大，但如果家庭在各方面能给予很强的支持，也有助于孩子顶住压力，不被压力打倒。

Q 常　爸：

在教育的过程中，我们不能把问题都简单化，要考虑压力的具体情况，还要考虑孩子本身的情况。每个孩子都是不同的，所以任何一个看似简单的理论，都不能“一刀切”。

A 刘　丽：

是的。我首先谈一下压力本身。压力本身并不一定就是坏事儿。我们为什么有压力？从进化的角度来讲，是因为压力能让我们迅速地做出反应。就拿“人类的生存”来说吧，比如一个人在森林里看到一只老虎，他的血压就会迅速地升高，然后他赶紧跑。这其实也是一种压力，只不过这样的压力是非常短期的、一次性的，它对你是有帮助的，让你的大脑发出“赶紧逃走”的信号，这种一瞬间的压力，不会对大脑有不良影响。

Q 常　爸：

也就是说，适度的紧张能让脑更好地运行。比如说，我们在考试的时候一般都会紧张，所以有的老师就说：“其实，适当的紧张有助于水平的发挥。”

A 刘　丽：

对的，适度的紧张有助于我们集中注意力、爆发能量，从而发挥出更好的状态。但是**长期的、过度的压力，会对我们的脑发育造成一定的损伤。**现在有大量的研究表明：压力会影响下丘脑和垂体的内分泌活动。下丘脑和垂体是神经内分泌系统的重要组成部分，其分泌的激素参与调节压力，并引起相关激素反应，调节许多身体活动。

有研究表明，长期过度的压力会让脑中处理情绪反应的杏仁核过度增大，人就容易过度敏感，过度解读一些事件，他的人际关系可能也会受到影响，因而容易引发抑郁、焦虑。比如别人非恶意的笑，有可能会被他解读为“嘲笑”。如果孩子在发育的过程中，长期处于过度压力状态，那么他的脑中处理情绪的重要核团“杏仁核”的结构就有可能发生改变，从而形成一种脑反应模式。随着他的成长，这种模式迁移到他处理压力和人际关系等各方面中，这些方面就会受到影响。

长期过度的压力还会影响睡眠，进而影响脑发育。孩子课业压力过大，睡眠质量不好，会对脑发育产生影响。作为家长，都是望子成龙、望女成凤的，但太过于想让孩子学习成绩好，给孩子过多压力会起到反作用。因为睡眠对记忆巩固起到重要的作用，如果孩子的睡眠质量不好，记忆力就会下降。另外，睡眠质量还会影响孩子的专注力，比如孩子晚上没睡好觉，第二天上课的时候，就无法集中注意力。

Q 常　爸：

所以，作为家长，我们不能给孩子过度的压力，那么这个“度”该如何把握呢？

A 刘　丽：

这两类家长需要注意：一类是过度给孩子施加压力的家长，这些孩子确实应该减压了；还有一类家长，其实他的孩子并没有太大的压力，但是他却要过度保护孩子，让孩子没有一点儿压力。“过度施压”和“过度保护”的家长，其实都比较极端。家长要观察自己的孩子，掌握好这个“度”。

压力与大脑运行效果的关系是一个倒 U 形曲线（图 6），压力只有在恰当的情况下才能发挥作用，太大或太小都不可取。

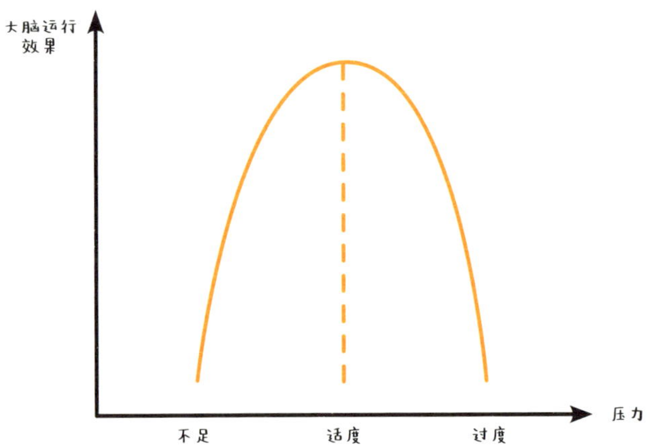

图 6　压力与大脑运行效果的关系

Q 常　爸：

所以，只有适度的压力才是有助于大脑运行的，这个“度”，还是需要根据每个孩子的个体差异来确定。

A 刘　丽：

对，这里还是要强调个体差异。多大压力算是适度呢？对于倒 U 形曲线的那个“拐点”，每个人都是不一样的。作为家长，要细心观察孩子的压力拐点。对于太过脆弱的孩子，家长要通过日常生活中的一些抗挫折训练，给予孩子耐心有效的帮助，逐步让他的抗压能力增强，但是不能为了训练孩子的抗挫折能力，人为地制造挫折。

训练孩子的抗挫折能力不是让孩子一个人面对挫折，而是家长要教给孩子面对挫折时控制情绪、处理压力的方式，以及解决问题的思维方式，这样孩子才能在挫折中成长，越挫越勇。

Q 常　爸：

是的。作为家长，我们都想给孩子创造最舒适的生活环境。但是，社会的大环境就是有压力的，如果孩子在家里被过度保护，等孩子步入社会，如何能承受各种压力呢？我们要让孩子经历风雨，但同时还得教给孩子一些控制情绪、处理压力的方式。

A 刘　丽：

是的。有的孩子胆子小、不敢尝试新事物，所以尝试新事物对他来说，就是一种压力。也有的孩子太急躁，一遇到压力就不能控制自己的情绪。现在有很多绘本，通过讲故事的方式教孩子如何抗压、如何调整情绪，教孩子怎么深呼吸、怎么转移注意、怎么给自己一个微笑，家长可以带孩子一起阅读这类书籍。

我们需要对孩子开展“学会认识自己的情绪”“学会接纳自己的情绪”“学会调节自己的情绪”“学会缓解自己的压力”的教育。这种教育完全可以渗透、体现在生活中，比如家长身心俱疲，下班回到家，可以告诉孩子：“爸爸（妈妈）今天工作很累，压力很大，需要下楼散散步缓解一下。”这样，如果孩子心情不好或压力很大的时候，他也会想到下楼去散散步。

Q 常　爸：

是的，孩子可以从家长处理压力的方式中学到很多。我来总结一下，压力其实有正性的作用，也有负性的作用。我们提供这些知识的目的，就是想要告诉各位家长：我们对任何一个孩子都不能轻易得出结论，要慎重去判定什么样的教育方式对他才是最好的。每一位家长都希望能获取教育孩子的最优方案。那么，就需要家长综合各方面因素，根据自己孩子的情况，权衡后给予孩子最适合的教导方式。

电子产品看多了，孩子会变笨？

Q 常　爸：

很多家长对于孩子看电子产品这个事情有所芥蒂，原因是怕孩子的视力受到影响。还有的家长不让孩子看电视，是怕孩子看电视会变笨，这种观点是不是有点儿危言耸听？

A 刘　丽：

任何事情，都要讲究一个度，只要把握好度，事情的结果就会有所不同。对于孩子看电视这件事情来说，也是一样的。只要家长控制好时间，选择好内容，看电视不仅不会影响孩子的视力，不会让孩子变笨，还能让孩子收获快乐、放松心情，甚至学到知识。

我认为在有些情况下，看电视对孩子也是有好处的。比如，一些留守儿童的父母不在身边，没有办法陪伴孩子成长，只有祖父母带孩子，而有些祖父母文化水平不高，又不太会和孩子交流，跟不上孩子的成长速度，既不了解孩子的兴趣爱好，也不愿意接受新鲜事物。那么，看电视对这样的孩子来说，未尝不是一个比较好的接收新知识的渠道，能够弥补父母无法陪伴的一些缺憾，这种情况下，电视就起到正向的作用。

除此之外，电视对于孩子的二语学习也是有帮助的。有的孩子在学习二语的时候，由于没有相应的环境，所以很难学习到纯正的二语，而动画片、儿歌等电视节目有时候能够创设这样一个语言环境，为孩子的学习提供帮助，这也是孩子看电视的一个好处。再比如，相关研究表明，视听结合的呈现方式能够提高儿童的兴趣，增强儿童记忆的效果，这有助于文字阅读能力尚未发展成熟的儿童的早期学习。

Q 常 爸：

也有一种说法：看电视是一种被动接受信息的过程，孩子在看电视的过程中不愿意思考，这对孩子的大脑发育似乎没有好处。

A 刘 丽：

确实有一项对于 5 岁左右儿童的脑科学研究显示：

相比于传统的呈现方式，儿童在看以动画方式呈现的故事时，其视觉区域与想象及语言相关脑区之间的功能连接更弱。

这表明，长期使用“屏媒”有可能会限制儿童想象力、注意力及视听整合方面能力的发展。所以孩子看电视的时间不宜太长，不能占用他运动、阅读、亲子交流和社交的时间。综上所述，**电视等电子媒体有优势，也有劣势。我们的重点应该是控制孩子使用电子媒体的时间，选择好电子媒体的呈现内容，而不是完全杜绝孩子使用电子设备。**

其实，通过管理电子设备这件事情来训练孩子的控制力也是很好的。比如我们规定孩子每天可以使用电子设备 15 分钟，那么 15 分钟到了，孩子就要关掉电子设备，即使他还很想看下去。每天给孩子 15 分钟使用电子设备，同时也给了孩子一个锻炼自己控制能力的机会，我觉得这相比完全不让孩子使用电子设备来说，是一种更好的解决方案。

Q 常　爸：

看来，电子设备并不是洪水猛兽，只要选择好电子媒体的呈现内容，适当地控制孩子使用电子设备的时间，为孩子合理地安排其他正常的活动，那么，让孩子看看动画片也是无妨的，毕竟陪着孩子看电视也是很多家长难得的轻松时光。

A 刘　丽：

对，控制时间很重要。美国儿科学会建议 1.5 周岁以下的幼儿不应该使用电子媒体；1.5~2 周岁的幼儿只能在家长陪同下使用电子媒体，并且家长要为儿童选择高质量的节目；2 周岁以上的儿童每天使用电子媒体的时间不宜超过 1 小时。

澳大利亚卫生部也提倡类似的严格限制，呼吁 2~5 周岁的幼儿每天使用电子媒体的时间应低于 1 小时。

我国教育部颁布的《小学入学适应教育指导要点》中规定："严格控制儿童使用电子产品的时间和频次，单次使用时间不宜超过 15 分钟，每天累计不宜超过 1 小时。"

打骂孩子会影响其脑发育吗?

Q 常　爸:

中国自古就有“棍棒底下出孝子”“不打不成器”的说法，虽然现在很多家长都已经摒弃了这样的观念，但是家长有时候控制不住情绪，也有想动手打孩子几下的冲动。打骂孩子的举动会影响孩子脑发育吗?

A 刘　丽:

首先，我认为家长对孩子正常的批评教育是孩子成长过程中不可缺少的。孩子犯了错，家长就要及时地指出、纠正，甚至进行必要的合理惩罚。但是家长的批评教育既要把握好度，还要遵守一个原则：针对事情本身，解决问题本身，不要在孩子身上发泄家长自己的压力和情绪。**正常的批评教育是不会影响孩子的脑发育的，家长不用担心。但是正常的批评教育不等于**

简单粗暴的打骂。

咱们现在将“打”和“骂”分开来讲。

“打”有两种程度。一种是“虐待”，这种“打”无论是出于什么理由，都是不允许的，因为这有可能会对孩子的脑发育和孩子的一生都产生难以治愈的负面影响，是任何时候都要明令禁止的；另一种是一定程度的体罚，就像您提到的“一生气打几下”，这种影响不大，但一定要记住安全原则，尤其不能打孩子的脑袋，确实有家长把孩子“打坏”“打傻”的案例。搜一搜相关的新闻，就会发现很多家长因所谓的“批评教育”打坏了孩子。其实，我个人不推荐“打”这种教育方式，即使是上面提到的“一定程度的体罚”，因为家长在极度愤怒的情绪之下，打的程度就很难把握了。

“骂”也分两种，一种是人格侮辱，另一种是教育批评。前一种是完全不可以的，因为孩子是一个活生生的、有自尊的个体，即使是生养孩子的父母，也应该尊重孩子，保护他们的自尊心。第二种是可以的，但是需要注意的是，家长要先平复自己和孩子的情绪，接受孩子的情绪，然后针对事情本身就事论事，指出孩子的错误，并且再一次与孩子复盘，完成一个闭环的操作。

Q 常　爸：

其实，孩子是弱者，面对自己最爱的，但身心发展都强于自己的家长，是无能为力的。所以，打骂孩子不可取，作为父母的我们要学习更好的沟通方式和解决方法。

A 刘　丽：

是的。其实孩子是弱者还表现在他的脑部发育并不完善。我们知道脑的额叶部分要到孩子青春期之后才能发育成熟，所以有的时候，犯错是孩子无法控制的。本来他就是一个处于正在发展中的孩子，家长的要求太高了，孩子还达不到，也是很正常的。而且有些时候，孩子其实也没有犯什么错，就是可能有点儿吵闹，突然伤心大哭，但是如果正好碰到家长非常累或者非常忙的时候，家长就更有可能打骂孩子，甚至不排除有的时候家长单纯是为了发泄自己的情绪。所以，很多家长打骂完孩子后感到愧疚，有时候也是这个原因。如果家长真的是帮助孩子改正错误，有道理地批评教育孩子，大多数情况下是不会感到自责的。

肥胖影响孩子脑发育？

常　爸：

随着社会整体经济水平的提高，人们的生活水平不断提升，我国儿童和青少年超重、肥胖的现象也越来越严重。

2017年，由北京大学公共卫生学院、中国营养学会等单位联合编写的《中国儿童肥胖报告》中指出：我国儿童肥胖率不断攀升，目前主要大城市0~7岁儿童肥胖率约为4.3%，7岁以上学龄儿童肥胖率约为7.3%。0~7岁肥胖儿童估测有476万，7岁以上学龄儿童超重、肥胖达3496万，加起来人数近4000万。如果不采取有效的干预措施，这个数据有可能还会继续上升。“儿童肥胖问题”在我国7岁以下儿童中已经开始流行，已经成为儿童重要的健康问题。

我想就此问下刘丽老师，肥胖会不会影响儿童脑发育呢?

A 刘　丽:

关于肥胖与脑健康的关系在成人中研究得比较多。

在医学界有一个非常知名的研究，就是伯明翰心脏研究，这是一项大样本的长期追踪研究。基于这个追踪研究的数据发现，肥胖的人在多项认知能力测验上的得分更低，这一结论主要体现在男性中。并且大量研究表明，肥胖是帕金森病的风险因素之一。研究还发现，肥胖会对机体心血管系统、内分泌系统及呼吸系统等身体的多个系统产生不良影响，增加高血压、糖尿病、哮喘等疾病的发病率。

肥胖与儿童脑发育的关系近年来也得到了比较多的关注。虽然关于肥胖与脑发育关系的研究结果并不完全一致，但是多项研究发现儿童期肥胖的个体，其与执行功能密切相关的脑区（前额叶区域）往往会有更小的灰质体积、白质体积以及更弱的全脑功能连接。执行功能是一种个体对自己的思维和行动进行有意识控制的高级认知能力，对学业成就具有很强的预测作用。

尤其值得关注的是一项 2019 年发表的大样本研究，该研究对象包含了 11750 名 9 岁和 10 岁的儿童，这些儿童来自美国最大的儿童脑发育研究项目 ABCD 计划的 21 个数据采集点。这项研究发现，儿童的 BMI（体重 / 身高的平方）越高，其大脑皮层厚度越薄，这个相关最强的位置出现在前额叶——执行功能的关键脑区。

2019 年，欧洲儿童期肥胖研究组（European Childhood Obesity Group）召集专家在他们的年会上就儿童肥胖与脑发育的关系问题进行了研讨，在《儿童肥胖症》（*Pediatric Obesity*）期刊发表了专家研讨的结论，并就如何通过体育运动改善儿童期肥胖个体的脑功能给出了专家组建议。

第一，专家组认为儿童期肥胖与脑的执行功能障碍、学业不良密切相关，不能把脑的执行功能障碍、学业不良仅仅当作肥胖的并发问题（secondary complication）。

第二，专家组建议提高孩子日常体育活动水平，特别是增加中等及中等以上强度的运动。家长们不用担心体育运动会占用孩子学习的时间，从而导致其学习成绩下降。研究表明：体育运动不但不会影响学业，反而会提高儿童的专注力。

第三，专家组特别强调主动游戏（active game）的重要性，如果能在运动中增加一些有利于认知的游戏设计，则不仅能提高活动的趣味性和黏着力，对于增强孩子的脑功能还有更持久的效果。

Q 常　爸：

请您来具体谈谈，儿童时期的肥胖，为什么会影响孩子的脑发育呢？

A 刘　丽：

可能有以下几个方面的原因：

首先，脑的发育需要一个良好的人体内环境，而肥胖往往会导致人的血压、血脂等指标异常，这些异常的指标会影响脑发育。

其次，过度肥胖会导致有些孩子呼吸不畅，出现打鼾等现象，影响其脑部的氧气供应。研究表明，在多项健康指标中，肥胖孩子的心肺功能跟脑的执行功能的关系最为密切。

最后，体重超标也在一定程度上反映了孩子的一些不良生活习惯，比如不爱运动、饮食行为不健康、生活作息不规律等，而运动、饮食、睡眠均对脑发育有一定影响。

综上所述，养育孩子的时候最好避免把孩子养得太胖，营养要全面均衡，但不能过剩。更重要的是，要让孩子动起来！

除此之外，肥胖不仅可能诱发孩子的各类身体疾病，还会对孩子的精神状态产生负面影响。相关调查发现，肥胖儿童心理行为问题的发生率明显高于正常体重儿童，具体表现为：

一、肥胖儿童会因为自己的身材产生穿衣不自信等有自卑感的心理，这甚至会影响到他的人际交往。

二、肥胖儿童不喜欢户外运动，在校内还有可能会受到同学的嘲笑、戏弄，甚至被取绰号等，这会导致他进一步被孤立，难以融入集体。

Q 常　爸：

虽然孩子胖一点儿看起来比较可爱，但是肥胖有可能对其身心发展都造成不良影响，所以家长还是需要从饮食、运动、生活作息等方面着手，帮助孩子养成健康的生活方式，避免孩子变成肥胖儿童。

吃什么可以补脑？

Q 常　爸：

有些人信奉“以形补形”的说法。核桃仁因为形似人的大脑，一直被传为补脑佳品，加之某些产品广告的“洗脑”，“核桃补脑”的观点好像根深蒂固地烙在了很多人的心中。还有人认为每天补充保健品可以补脑。这些流传甚广的说法到底有没有科学依据？

A 刘　丽：

我不是营养学家，所以只能从我所了解的知识简单谈一下对这个问题的看法。

脑的发育和各种活动的确需要营养。大脑是一个高耗能的器官，需要大量的能量供应来维持运转。大脑需要的主要营养物质有蛋白质、卵磷脂、糖类、维生素等。蛋白质是组成神经细胞的主要物质，卵磷脂是脑内含量最高的一种脂类。这些营养都可以从食物中获取。

我认为一种食物能否为脑发育提供营养的关键在于这种食物所含的营养物质成分是什么，而不在于这种食物的形状如何或属于动物的哪一部位。均衡健康的饮食完全可以满足脑发育的需要，所以，我完全不推荐让孩子通过吃保健品来补充脑部营养的做法。

目前，“大脑与营养”相关的研究主要是在经济发展水平比较落后的国家或地区开展。因为这些国家或地区的孩子长期处于吃不饱饭、营养极度不足的状态，这的确会影响孩子的脑部发育。作为人体高消耗的器官，大脑需要足够的能量和营养才能正常运行。

我国之所以在有些农村地区推行“农村义务教育学生营养改进”计划，也是为了给这些地区中由于家贫而无法摄取必要营养的孩子提供基本的营养保障。对这些孩子而言，如果他们能够吃到更多、更丰富的食物，对其脑部发育是有利的。但是在经济发展尚可的地区，孩子一般不存在缺乏营养的状况，很多孩子甚至营养过剩（我们在前面讨论了儿童期肥胖对脑发育的负面影响）。当然，经济发展尚可的地区，也会存在有些孩子偏食，导致其营养不够全面的状况，但一般来说，不需要额外进行补充。**均衡健康的饮食对于脑发育足够了。**

本章小结

- 影响脑发育的因素大体可以分为遗传和环境两大方面，两个因素之间也会有交互作用。

- 流体智力与大脑的神经机能密切相关，所以流体智力会随着个体年龄增长，在青年期达到巅峰，而晶体智力却会随着个体年岁增长，经验和阅历的丰富而持续增长。

- 天赋就像是一个人的起跑线，但最终能跑多远取决于你跑得有多努力，你能坚持多久，以及你跑步的方法是否科学。帮助孩子掌握科学的学习方法，培养他良好的学习品质，才是实实在在能促进孩子晶体智力发展的方法。

- 适度的紧张能让脑更好地运行，但是长期的、过度的压力，会对我们的脑发育造成一定的损伤。

◆ 训练孩子的抗挫折能力不是让孩子一个人面对挫折，而是家长要教给孩子面对挫折时控制情绪、处理压力的方式，以及解决问题的思维方式，这样孩子才能在挫折中成长，越挫越勇。

◆ 电视等电子媒体有优势，也有劣势。我们的重点应该是控制孩子使用电子媒体的时间，选择好电子媒体的呈现内容，而不是完全杜绝孩子使用电子设备。

◆ 正常的批评教育是不会影响孩子的脑发育的，家长不用担心。但是正常的批评教育不等于简单粗暴的打骂。

◆ 儿童期肥胖与脑的执行功能障碍、学业不良密切相关。体育运动不但不会影响学业，反而会提高儿童的专注力。

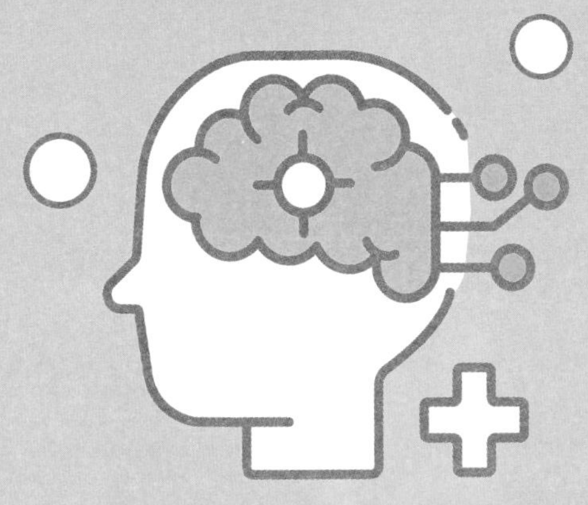

第五章
孩子成长过程中的脑发育问题及防护

家长需要为孩子脑的健康发育做好防护，一旦孩子有脑发育疾病或问题，应及时带其就医。有些脑发育疾病或问题，经过早期的治疗，是有比较好的预后效果的。

怎样预防早期脑发育不良的问题？

Q 常　爸：

拥有健康的宝宝，是每一位家长的心愿。我们平时从电子媒介上，或者听身边人谈起，有一些孩子，刚一出生就被诊断为先天性的脑发育异常。请您来讲一讲，作为家长，该如何预防孩子早期脑发育不良的问题？

A 刘　丽：

从孕早期开始，准妈妈就必须做好准备，要明白自己是在孕育一个小生命，从知道有了这个小生命的瞬间开始，就要对这个生命负起责任。准妈妈要注意不能随意滥用药物，不要吸烟、酗酒，远离有辐射、有污染等不利于生命孕育的环境。孕后期，准妈妈也要注意防护，尽量避免早产等意外情况的出现。准爸爸和其他家庭成员也要负起责任，为准妈妈创造一个良好的家庭环境。孩子出生之后，如果存在脑发育异常的情况，一定要及时就医进行治疗和干预。**在孩子越小的时候，脑的可塑性就越强，越早进行治疗和干预，预后效果越好。**

Q 常 爸：

很多地区的社区卫生服务中心会定期为学龄前儿童提供体检服务，这些检查在一定程度上也能判断孩子的整体发育水平。

A 刘 丽：

是的。这些检查除检测孩子的身高、体重外，还涉及头围、抓握等精细运动能力、听力和语言能力等，其实这些都是对于孩子神经发育是否正常、有没有潜在风险的考查，所以家长一定不要错过这样的专业体检。一旦出现非正常情况，家长就要带孩子去正规医疗机构做诊断并坚持治疗。一般来说，越早干预，孩子康复的可能性就越大，千万不要错过孩子康复的关键窗口期。

Q 常 爸：

除了孕期防护和重视幼儿时期的体检以外，在养育 0~3 岁幼儿的过程中，家长还需要注意哪些方面？

A 刘 丽：

还有一些需要家长注意的日常养育事项：

第一，对于年龄小的孩子，家长千万不要做类似“抛接孩子”

这样过于危险的动作。这类危险动作，轻则导致孩子轻微脑震荡，重则导致孩子颅内出血或者高位截瘫，如果家长一不小心没有接住，甚至会危及孩子的生命！

第二，幼儿在户外运动时，需要有相关的防护措施。在一些发达国家，我们会发现，孩子不管是骑自行车还是滑滑板，都会戴头盔等护具。但在我国，戴着头盔骑自行车、滑滑板的孩子很少。孩子万一出现滑倒、跌倒后脑袋着地的情况，就有可能造成严重后果。

第三，给孩子创设一个安全的心理环境。家长要管理好自己的情绪，不要动不动就打骂孩子。如果孩子长期处于焦虑、害怕的状态，其脑发育是会受到影响的。

Q 常　爸：

以上会对孩子脑发育产生不良影响的情况，家长只要做好相关的防护措施，就可以避免。所以在日常生活中，我们应该时刻注意，为孩子的脑健康发育保驾护航。

自闭症、多动症等病症是由于脑发育异常导致的吗?

Q 常　爸:

随着社会整体经济水平的提高，人们对于儿童精神卫生健康的重视程度也越来越高，患有自闭症、多动症等精神疾病的儿童的确诊率越来越高。

国际的流行病学调查发现：全球范围内，儿童自闭症的发病率约为 1%，儿童多动症的发病率为 3%~5%。

我国尚缺乏全国性的多动症儿童和自闭症儿童的流行病学调查，根据国际发病率来估计，我国自闭症儿童和多动症儿童多达千万。这些疾病都是由于脑发育异常导致的吗?

A 刘　丽:

不管是自闭症还是多动症，它们都被称为神经发育性障碍。

顾名思义，这两种疾病都与脑发育异常密切相关。

多动症的学名叫作注意缺陷多动障碍（ADHD），它有三种不同的亚型：注意缺陷型、多动型和混合型。注意缺陷型（AD）孩子并不多动，主要表现为注意力缺陷，孩子难以集中注意力，容易分心，也无法做长远的规划。虽然他对很多东西都感到好奇，但是他无法坚持做一件事情。多动型（HD）孩子可能没有注意力缺陷，但是他们似乎总是有用不完的能量，形象地说，就像是孩子被安上了一个永动的小马达，并且他们的情绪容易冲动。最后一种混合型（ADHD）的孩子是既有注意力缺陷，又有多动、冲动行为。

多动症分为以上这几种不同的类型，有些孩子虽然不多动，但是存在注意力缺陷，这也是多动症的一种。

自闭症儿童和多动症儿童的表现不同。自闭症儿童主要在社会交流方面有问题，部分儿童对人际交往不感兴趣，与人交往时缺乏目光对视，或者较少目光对视；部分孩子语言发展迟缓，严重的甚至没有语言输出。这很好理解，因为语言是交流的工具，没有交流的意愿和行动，语言发展必然会受到影响。自闭症的孩子往往还有刻板行为的问题，就是他们喜欢重复做一件事情，另外，他们的兴趣也往往比较狭窄。

我本人并不是医生，所以只能简单粗略地跟大家分享我所了解的多动症和自闭症的脑发育异常情况。宏观来看，有研究发现，患有多动症的孩子的大脑总体积较小，尤其是右半球的体积会比同龄的正常孩子要小（群体规律，并不是每个多动症孩子都有以上特点）。从局部来看，这类孩子的大脑顶叶和额叶的灰质、白质的密度发育也会有一些异常。

研究发现，自闭症孩子的大脑存在广泛异常。有一个比较一致的发现是自闭症孩子的大脑在幼儿期存在过早、过快发育的情况。

比如有研究发现，在 2~4 岁这个阶段，自闭症孩子的脑体积要比普通孩子大 10% 左右（群体规律，并不是每个自闭症孩子的脑体积都大）；但是后来同龄人快速发育的时候，这些孩子的脑发育速度又慢了下来。所以整体上来看，自闭症孩子的脑与正常儿童的脑相比，存在发育轨迹上的异常。

需要说明的是，我们对于多动症和自闭症等儿童早期的神经发育障碍疾病的了解还比较少，还需要后续大量的研究。虽然我简要介绍了一下这两种疾病的典型症状，**家长切忌对号入座，疾病的诊断必须由专业的儿科或者神经科医生来进行。**这些症状只是给家长提个醒，如果你发现孩子存在以上的症状，要尽早带孩子去专业机构进行评估。

Q 常　爸：

再次强调一下：在孩子越小的时候，脑的可塑性就越强，越

早进行治疗和干预，预后效果越好。所以，家长如果怀疑孩子可能有自闭症的风险，要尽早带孩子就医。

A 刘　丽：

有一类自闭症儿童，智力和语言都没有受到损害，这类儿童如果及时就医，及早接受社交技能等的干预，往往有良好的预后。

学习困难是怎么回事?

Q 常　爸:

有的孩子智力正常，但为什么学习能力差，成绩不好呢?

A 刘　丽:

这样的情况，我们一般称之为“学习困难”。**学习困难是一个比较笼统的说法，可能由不同的原因造成：比如有的孩子所处的学习环境不良，有的孩子学习习惯不好或者学习品质不好，也有的孩子是由于自身存在一些认知方面的困难，或者轻微的脑发育不良。**

学习障碍是学习困难的一种类型。首先，孩子的智力不存在问题，也不存在视力或者听力方面的问题；其次，家庭也能够给孩子提供正常的受教育机会，并没有因为家庭贫穷等原因剥夺孩子学习的机会。在这种情况下，如果孩子成绩仍然显著落后于同年级或同龄儿童，就有可能是“学习障碍”。

有些人认为孩子学习成绩不好就是智商水平低，这是非常错误的观点。有些有学习障碍的孩子智力正常甚至超常。虽然孩子的智力正常甚至超常，却不能在考试时取得优异的成绩，常常被别人质疑头脑“不聪明”，甚至是“呆笨”，这让孩子非常苦恼。久而久之，孩子的自信心大大降低，挫败感越来越强，心情变得十分沮丧，不愿意与人沟通，从而影响到孩子的整体发展，甚至阻碍他今后人生道路的长远发展。因此，家长要了解有关“学习困难”和“学习障碍”的相关知识，才能帮孩子找到解决方法，让孩子重拾信心，不再抵触学习。

Q 常　爸：

确实，近几年，“学习困难”“学习障碍”这样的字眼开始出现在大众的视野中，大家渐渐意识到：孩子学习能力弱，也许并不是因为他贪玩，也不是因为他懒惰，而是学习障碍所致。那么，学习障碍属于疾病的范畴吗？

A 刘　丽：

我个人不愿意把学习障碍当作一种疾病，因为人们往往对疾病会有一种负面的看法。但在国外，学习障碍会被认为是由于神经发育问题导致的一种病症，在美国《精神障碍诊断与统计手册》（简称 DSM）第五版中，有关于学习障碍的诊断标准以及亚类型的描述。现今，我们国内也有一些医院有相应科室，如发育行为科，开始关注孩子的学习障碍问题。因为这已经是一个科学领域的问题了。**需要说明的是，不是所有学习困难的孩子，都是学习障碍，不排除很多孩子的学习习惯、学习方法等存在一些问题，这需要进行分辨。**

Q 常　爸：

是的。有些孩子的父母经常吵架，家庭气氛紧张，孩子在这样的成长环境下，心理受到了不良的影响，也会不想学习、无心学业。

A 刘　丽：

是的，良好的家庭环境对孩子的学习很重要。家庭中至少有两种情况不利于孩子的学习：

一、家长忽视孩子的学习，持“读书无用论”观点。虽然大部分家长认为孩子的学习非常重要，但还是有一小部分家长会说：“学习有什么用呀？你看我，没上过几年学，事业不也很成功吗？”这类家长就认为学习不重要，所以平时根本不重视孩子的学习问题。久而久之，孩子也就不再好好学习了。

二、家庭氛围不好。就是您刚才说的，父母经常吵架、家庭气氛紧张，造成孩子无法集中精力学习。

Q 常　爸：

我们每一位家长都要重视孩子在每个阶段的学习情况，及时

发现孩子在学习过程中遇到的困难，给予孩子及时的、有针对性的辅导和帮助。我之前在一些学术文章中看到过：学习障碍可以分为阅读障碍、书写障碍、数学障碍等几个方面。有一些家长认为：孩子学习成绩不好，主要是因为他上课听讲时注意力不集中。那么，注意力不集中，这也是一种学习障碍吗？

A 刘　丽：

注意力不集中和学习障碍其实是两回事，但两者具有较高的共发率。注意力不集中的孩子往往会伴随学习障碍，但也并不是所有注意力不集中的孩子都有学习障碍。有一些孩子可能异常聪明，这能够帮助他消减注意力不集中对学业的不良影响，他就不一定会有学习障碍。但是很多注意缺陷与多动障碍（ADHD）的孩子往往会遇到学习障碍，比例还挺高的。研究表明有 30%~40% 多动症的儿童会患阅读障碍。

Q 常　爸：

您刚才说，“学习障碍”是和神经发育有关的，那现在国内有相应的医院可以治疗吗？作为家长，我们能怎样帮助有学习障碍的孩子呢？

A 刘　丽：

现在医院的治疗主要集中在多动症方面。有些多动症的孩子在经过治疗之后，克服了注意力不集中或者多动的问题，学习成绩会有改善，但并不必然改善。很多时候，在改善了注意力之后，有些孩子仍然需要学习方面的指导，才能更好地提高学习成绩。

据我了解，学习障碍还没有很好的治疗手段。学习这个问题比较特殊，因为儿童学习的主要场所是在学校，所以“学习障碍”是一个医教结合的领域，单单靠医院是不够的。医疗体系与教育体系合作才能从根本上解决孩子学习障碍的问题。希望在不久的将来，越来越多的医院能够跟教育系统合作，开设可以治疗孩子学习障碍的门诊，帮助孩子提高学习成绩。

Q 常　爸：

学习困难的孩子，部分会伴随着学习习惯不好的现象。作为家长，最好能从以下几个方面来做：

1. 帮助孩子一起回顾当日课堂上的学习内容；

2. 协助孩子明确作业要求，以便于孩子能快速进入做作业的状态；

3. 合理安排孩子的学习和娱乐时间；

4. 与孩子一起制订符合自身特点的学习目标和计划；

5. 为孩子提供一个相对舒适的、安静的学习环境；

6. 积极与老师沟通孩子的学习情况。

孩子的学习是需要学校和家庭共同配合的。有学习困难的孩子，单单依靠老师的课堂教导是不够的，还需要家长的协助。家长最主要的任务就是帮孩子建立自信心，缓解孩子由于学习困难

所带来的挫败感和焦虑感。其次是了解孩子学习中的具体困难，给予有针对性的帮助，而不是一味地指责孩子不好好学习，或者直接替孩子做作业。

本章小结

◆ 在孩子越小的时候，脑的可塑性就越强。有些关于脑的疾病或问题，越早进行治疗和干预，预后效果越好。

◆ 不管是自闭症还是多动症，它们都被称为神经发育性障碍。顾名思义，这两种疾病都与脑发育异常密切相关。

◆ 多动症的学名叫作注意缺陷多动障碍，它有三种不同的亚型：注意缺陷型、多动型和混合型。有些孩子虽然不多动，但是存在注意力缺陷，这也是多动症的一种。

◆ 学习困难是一个比较笼统的说法，可能由不同的原因造成：比如有的孩子所处的学习环境不良，有的孩子学习习惯不好或者学习品质不好，也有的孩子是由于自身存在一些认知方面的困难，或者轻微的脑发育不良。

- 学习障碍是学习困难的一种类型。这类孩子的智力不存在问题，也不存在视力或者听力方面的问题，家庭也能够给孩子提供正常的受教育机会。在这种情况下，这类孩子的学习成绩仍然显著差于同龄人。

- 有些人认为孩子学习成绩不好就是智商水平低，这是非常错误的观点。

- 注意力不集中和学习障碍其实是两回事，但两者具有较高的共发率。

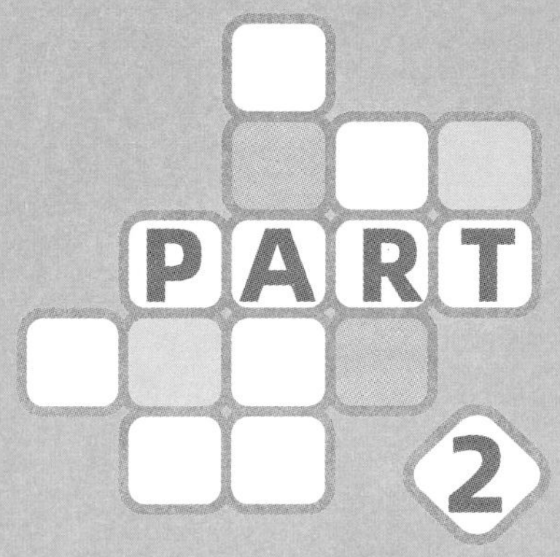

胎儿的脑发育

特征一：胎儿期脑的发育奠定个体毕生智能和心理健康发展的基础。

特征二：胎儿的脑发育迅猛，容易受到各种因素影响，如母亲的健康状况、情绪状态，药物及环境中的化学物质等，因此需要倍加呵护。

第六章

胎儿期的脑发育

孕育生命的过程是辛苦的，也是幸福的。准妈妈平和的心态、愉悦的情绪、良好的饮食和作息习惯，对胎儿的脑发育都非常重要。

胎教有用吗?

Q 常　爸:

有的准妈妈会在孕期对胎儿进行胎教，希望能让尚在腹中的胎儿受到适当的信息刺激，促进其脑机能的发展。请您来为准妈妈们解答一下：胎教对促进胎儿的脑发育真的有用吗?

A 刘　丽:

在回答这个问题之前，我先介绍一下我同事的一个研究。

我的这位同事曾与德国某科研机构合作研究：他们把出生三天之内的中国新生儿和德国新生儿的哭声进行分析比对。结果发现，中国新生儿的哭声特点更接近于汉语的语音特征，德国新生儿的哭声特点则更接近于德语的语音特征。这说明在大脑快速发育的胎儿时期，不同的语言环境带给胎儿的语音输入对胎儿的脑发育的确是有影响的，胎儿处于什么样的语言环境，就会习得什么样的语音特征。

胎儿对声音出现反应大约在孕期 20 周。胎儿对光的感受能力出现得更早，在母亲怀孕 13~16 周的时候，胎儿就对光有了反应。另外，胎儿也逐渐能感受到母亲情绪的变化。这些都说明胎儿的感觉神经系统已经构建起来了，其脑已经具备了对外界多种刺激的感受能力。这些都是胎教能够实施的基础。但是，胎教有没有用，有多大用，有什么用，尤其是胎教的作用能持续多久……这些问题都需要进行长期、大量的追踪研究，而且孩子出生后的各种影响因素会更加错综复杂，我们难以剥离其他因素的影响。所以，单从胎教一个维度去考量脑的发育，获得科学依据非常困难。**目前对于胎教的作用，还没有一个明确的结论。**

Q 常　爸：

看来，关于胎教的作用，我们也只能暂时在这里打一个问号了。当然，不管胎教的作用如何，准妈妈都应该保持愉悦的心情、良好的饮食和作息习惯，尽可能维持平和而稳定的心态。如果有条件做胎教，也是可以的，但是最好不要抱着通过胎教让胎儿的智力、创造力等能力获得很大提升的想法去做这件事情。因为孩子出生之后，我们也能在家庭教育中培养和教育孩子，不存在孩子在胎儿期就落后于其他孩子的说法。

准父母哪些行为会影响胎儿脑发育？

Q 常　爸：

孕期的哪些行为会对胎儿的脑部发育造成不良影响呢？

A 刘　丽：

主要是四个方面：吸烟酗酒、滥用药物、营养物质摄入不当以及长期处于负面情绪。

吸烟酗酒，即使是普通人（非孕妇）有长期吸烟酗酒的习惯，都会对身体造成很大的危害，更何况是孕妇。这样的习惯，毋庸置疑会对胎儿发育产生非常严重的影响。女性一旦怀孕，就要立刻停止吸烟酗酒的行为。

这里需要提醒的是，有的孕期女性虽然自己不吸烟，但是有可能接触到二手烟，长期吸二手烟也会对腹中的胎儿产生不利影响。所以，如果孕期女性的工作或生活场所中有人吸烟，请尽量创造条件远离这样的环境，避免长期接触二手烟。特别是准爸爸，要做到在准妈妈面前不吸烟。

Q 常　爸：

是的，让准妈妈远离二手烟，不仅仅是准妈妈一个人的责任，准妈妈身边的亲人、同事、朋友都有责任。

A 刘　丽：

完全同意。除了烟酒，怀孕之后，准妈妈对药品的使用也要格外注意。可能有的孕妇不是刻意要滥用药物，而是没有意识到服用家庭常备的药品可能会对胎儿产生不利的影响，所以这里我们要着重强调：**一方面，准妈妈怀孕期间使用的任何药品都要由专业医院的医生开具，并且严格遵从医嘱。另一方面，准妈妈也不要走入另外一个极端，觉得所有药物都对胎儿有害，生病了不去看医生。其实，如果准妈妈病情严重，也会让胎儿陷入危险。**

营养物质的摄入方面，准妈妈要注意既不能为保持身材而节食，也不能以怀宝宝需要营养为由过度饮食。一定要在医生的建议下合理地规划饮食。还有一点很重要，就是女性在孕前及孕期要补充叶酸。因为如果胎儿在发育期缺乏叶酸，有可能导致其神经管畸形等先天缺陷。虽说我们也能从部分蔬菜、动物肝脏和豆制品中摄取到叶酸，但是这些食物中所含的叶酸在烹饪过程中极易损耗，最终能被人体吸收利用的很少，所以需要额外补充。叶酸最重要的作用就是预防胎儿神经管畸形（比如无脑儿、脊柱裂等）。而补充足够的叶酸，可以对此起到很好的预防作用。

最后，我想对准妈妈们说：孕育生命的过程是辛苦的，也是幸福的，平和的心态和良好的情绪对胎儿的发育非常重要，准妈妈要远离压抑、焦虑的状态。同时，家人也要给予孕妇更多的理解，特别是准爸爸要多关心准妈妈的情绪变化，让准妈妈有一个平和愉悦的心情。全家人都要以积极的心态去迎接小宝宝的出生。

本章小结

- 在大脑快速发育的胎儿时期，不同语言环境带给胎儿的语音输入对胎儿的脑发育的确是有影响的，胎儿处于什么样的语言环境，就会习得什么样的语音特征。

- 如果有条件做胎教，也是可以的，但是最好不要抱着通过胎教让胎儿的智力、创造力等能力获得很大提升的想法去做这件事情。

- 吸烟酗酒、滥用药物、营养物质摄入不足以及长期处于负面情绪，这四种行为会对胎儿的脑部发育造成不良影响。

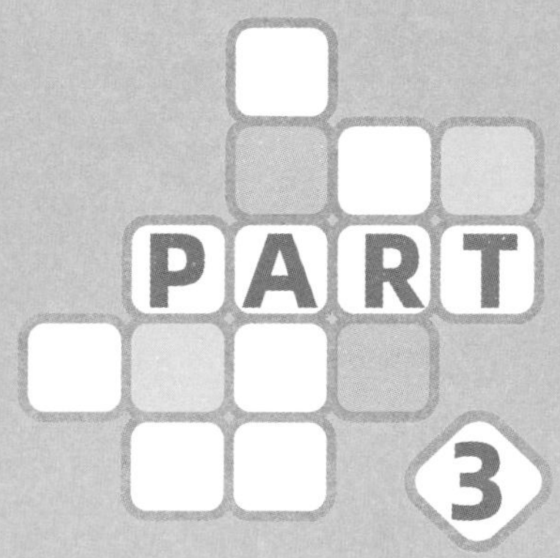

0~3 岁婴幼儿的脑发育

特征一：婴幼儿时期，孩子的脑仍然处于迅猛发育的过程中。

特征二：婴幼儿时期，孩子脑的抗攻击能力很差，很多情况会造成其不可逆的损伤，所以需要抚养人格外关注。

特征三：婴幼儿时期，孩子脑的可塑性非常强，丰富、适宜的活动有助于婴幼儿的脑发育与全面发展。

第七章
脑与亲子陪伴

父母的陪伴对每一个正在成长中的孩子来说都是弥足珍贵的，高质量的亲子陪伴和科学养育对幼儿脑发育具有全方位的重要影响。

母乳喂养的孩子更聪明?

Q 常　爸:

所有父母都希望自己的宝宝聪明又健康，拥有高智商、高情商和很强的学习能力。有人说，宝宝的智商“三分天注定，七分靠打拼”，其中“三分”中有一分是妈妈在宝宝生命初期送给他的“启智大礼”——母乳。母乳喂养的孩子真的如大家所说的会更聪明吗?

A 刘　丽:

母乳喂养是很多国家的研究机构都很关心的问题，所以相关的研究非常多，涉及的样本数量也很大。

近年来，有研究者将这些研究进行了总结分析，得出的结论是：母乳喂养确实对孩子的智力发展有促进作用。通过韦氏儿童智力测验来测试，母乳喂养和非母乳喂养的孩子相比，无论是言语智商、操作智商还是综合智商，母乳喂养的孩子各方面表现都要更好一些。但是，单从这个智力测验的成绩上看，母乳喂养的孩子也没有比非母乳喂养的孩子高出太多，一般来说，仅高出 3~4 分。

Q 常 爸：

3~4 分意味着什么呢？对于个体来说，差别会很大吗？

A 刘 丽：

韦氏儿童智力测验是目前世界上应用最广泛的智力测验，平均分为 100 分，标准差为 15 分。母乳和非母乳喂养的儿童样本的差距是 3~4 分，远远不到一个标准差，这个分数差距很小。所以，虽然大样本的研究结果表明母乳喂养的孩子和非母乳喂养的孩子有一定差距，但是大家不要把这个差距太当回事儿。

我的理解是：当前科学和社会都提倡母乳喂养，更多的不是从孩子智力发育的角度出发，而是从孩子身体发育的角度来考虑的。比如母乳喂养可以降低婴幼儿腹泻、过敏的发生率等。

从智力发育的角度来讲，对于母乳喂养促进智力发展的原因，一般有两种说法。一是母乳提供了有助于孩子神经发育的营养成分；二是母乳喂养增加了亲子交流的时间，这种高度亲密的亲子互动有助于孩子的脑发育和智力发展。要强调的是，**母乳喂养对于孩子的智力发展确实有促进作用，但是效应很小。**

Q 常　爸：

我看过相关的一些文献，和您说的非常吻合。

美国有一项针对五千多个孩子的长期研究发现：母乳喂养的孩子比非母乳喂养的孩子的平均智商高出4分，但是当把这些孩子母亲的智商差异考虑进去后，发现这个差异在统计学上不显著。所以，母乳喂养的孩子智商高一些，更可能是因为选择母乳喂养的妈妈群体，从统计学上讲智商更高一些（注意，这里是从统计学的角度来讲，并不是说不选择母乳喂养的妈妈智商就低），而和母乳喂养本身没有直接的关系。

在后续一些研究中，有人对比了三百多对兄弟姐妹的智商，在同一个家庭里长大的两个孩子，有一个是母乳喂养的，另一个因为某些原因，不是母乳喂养的，结果发现母乳喂养和非母乳喂养并不能造成孩子智商的差异。

当然，我们还是提倡母乳喂养的。但如果有的妈妈身体状况不适合哺乳，那就不要勉强自己，更不要因此有负罪感，觉得自己不母乳喂养就拉低孩子智商了。母乳喂养对孩子智力发展的影响并没有那么大，比起一个执意为了母乳喂养而搞得自己焦虑、筋疲力尽的妈妈，一个健康快乐的妈妈对孩子的成长来说更重要！

亲子陪伴对婴幼儿脑发育影响有多大?

Q 常　爸:

我们都知道，孩子的成长离不开父母的陪伴，不仅在生活中如此，情感上也是如此。从脑科学的角度来看，亲子陪伴对孩子脑发育的影响有多大呢?

A 刘　丽:

亲子陪伴对婴幼儿脑部发育具有全方位的重要影响，主要可以分为三个方面：运动发展、语言发展和情绪情感发展。

婴幼儿需要家长的悉心照料才能健康成长。在家长的呵护下，孩子慢慢长大，学会说话、走路、自理，这几个方面能力的发展是实实在在看得见、感受得到的。相对来说，亲子陪伴对孩子情绪情感发展的影响比较隐性，但是其影响力却是非常深远的，在孩子长大之后还会如影随形。毫不夸张地说，情绪情感的发展会影响孩子的一生。所以这里我们需要着重强调一下这个方面。

和自然界中的很多动物不同，人类的孩子在出生后的数年之内都非常弱小，弱小到必须强烈地依赖父母（或其他照料者）才能生存。在这个时期，孩子需要建立依恋感、亲密感和安全感，如果这时没有稳定的亲人长期陪伴，孩子长大后很有可能就会出现各种各样的情感缺陷，如难以与人建立亲密关系，很难相信别人，共情能力和理解别人意图的能力都会比较差……我们可以简单理解为孩子的“情商”发展会受到限制，这会影响到孩子生活学习、人际交往和未来工作的方方面面。

关于亲子陪伴对情绪情感发展的脑科学研究不少。

2018年有一个关于小白鼠的研究：研究人员把刚出生的小白鼠分为两组。第一组小白鼠从出生就受到鼠妈妈的悉心照料。鼠妈妈会为鼠宝宝舔毛、喂奶，非常尽心地照顾鼠宝宝，可以说，第一组鼠宝宝是沐浴在鼠妈妈的母爱下长大的。第二组小白鼠就没有那么幸运了，从一出生，它们面对的就是“冷漠”的妈妈。这些鼠妈妈既不理睬鼠宝宝，也没有精心地照顾它们，鼠宝宝们在没有关爱的环境下也长大了。

小白鼠们长大后，研究人员分别对它们的脑部进行了解剖。结果发现，与第二组不被关注的小白鼠相比，第一组被母爱包围着长大的小白鼠的大脑中，与情绪情感相关的脑区发育得更好，其灰质、白质的密度都要更大一些。

对人类也有这方面的研究。第一组是在孤儿院成长、没有受到过父母关爱，或者在儿童期遭受过虐待的人；第二组是成长过程中没有受过虐待的人。这项研究的结果与“小白鼠研究”如出一辙：第一组在孤儿院长大和儿童时期遭遇过虐待经历的人，他们大脑中与情绪情感相关的脑区的灰质和白质的体积，都要比第二组没有受过虐待的人的要小。

这些研究充分表明：**极端缺爱的环境会对儿童的情绪情感相关脑区发育带来负面的影响。**

Q 常 爸：

这让我想起了我早年看过的罗马尼亚孤儿院的报道。

研究者对生活在孤儿院中的健康罗马尼亚孤儿进行了长期跟踪研究，这项研究从这些孤儿的婴幼儿时期开始。通过磁共振成像扫描他们的脑，研究者发现：孤儿院儿童的脑容量比正常家庭孩子的脑容量小，他们的颞叶（和记忆、语言有关）和额叶（和计划、情绪管理有关）皮质的活动水平也更低。

这表明，和正常家庭孩子相比，孤儿院孩子的脑发育更弱。原因在于：孤儿院的孩子们，虽然能得到基本的生活供给和人身安全的保障，但是由于孤儿院工作人员人手紧张，且有一定的流动性，孩子们缺乏和成人养育者之间的社会性互动，所以他们没有办法和照顾他们的人建立稳定的情感联系，这导致他们的脑发育出现异常。看来，良好的家庭氛围、高质量的亲子陪伴，对于孩子的身心健康来说，真的是太重要了！

A 刘 丽：

更值得注意的是，科学家发现“冷漠”是有可能会遗传的。那个“小白鼠研究”的研究人员进一步发现，冷漠的母亲所照料的那些小老鼠跟被母爱包围的小老鼠相比，它们大脑中与神经发育相关的一个基因（NRC31），会被甲基化。被甲基化的基因又会遗传给它们的孩子，它们的孩子因为携带这个基因，很可能也成为“冷漠”的父母，一代一代、周而复始地循环下去。

Q 常 爸：

请您具体解释一下“甲基化”是什么意思。

A 刘 丽：

“甲基化”就是被修饰了。NRC31 被甲基化了的后果是神经营养因子分泌减少。在上面讲的“小白鼠研究”中，那些被母爱包围的小老鼠，它们的神经营养因子就分泌得更多一些，这会使得它们跟学习记忆相关的海马体发育得更好。

Q 常 爸：

原来是这样，那总的来说，极端的亲情缺失会对孩子的脑发育及身心发展造成哪些直接的影响呢？

A 刘 丽：

总结一下，极端的亲情缺失会导致孩子脑发育异常，产生的直接影响主要是：第一，孩子长大后欠缺共情能力，人际交往困难；第二，由于儿童时期的不安、紧张等情绪没有及时得到安抚，孩子长大后可能难以控制自己的情绪；第三，影响孩子学习、记忆能力的发展。

Q 常　爸：

讲到这里，可能很多家长会产生焦虑，因为大部分父母都无法全职在家带孩子，只有下班后短短几个小时的时间陪伴孩子，有的家长甚至只有周末休息时才有时间陪孩子。

A 刘　丽：

其实，家长不需要太过焦虑，首先，以上亲情缺失影响脑发育的都是极端的缺乏陪伴的例子；其次，孩子也不需要每时每刻的陪伴。**与孩子相伴时，陪伴时长固然重要，陪伴质量更重要。**我说一些基本的亲子陪伴原则，家长可以参考：

第一，要有稳定的可以照顾孩子的人。

现在，很多父母都是双职工，有的会请老人帮忙带孩子，有的会请保姆照顾孩子。不管是谁，家长最好能保证这个人是长期稳定的。因为孩子的安全感、对人的信任感需要很长时间才能够建立起来。孩子只有与照顾他的人建立了深厚的感情，他才会觉得不管遇到什么事情，这个人永远都是可以依靠的。

第二，陪伴孩子时，父母要调整好自己的情绪，平和的父母更能理解孩子。

这样的父母往往能够营造出积极、温暖的家庭氛围。长期被理解、被关注、被关爱的孩子心中有阳光，内心有力量。这种软实力让孩子即使遭遇打击，也能用从小“积蓄”起来的爱的能力进行自我调节和化解。

第三，先关注孩子的情绪，再处理事件本身。

孩子出现负面的情绪，比如伤心、愤怒时，父母应该先关注孩子的情绪，过去抱抱孩子，对他说：“爸爸（妈妈）知道你很难过。”帮孩子平复一下，然后鼓励他从这种情绪中走出来，帮助他、引导他想办法转移情绪，或者解决导致这种情绪的事件。最后，等孩子平静下来，再跟孩子认真谈一谈发生的事情。

Q 常　爸：

另外，我觉得陪伴不应该是简单的陪同。如果父母仅仅是陪在孩子身边，却“身在曹营心在汉”，要么低头玩手机，要么为了图清静，放纵孩子玩游戏、看电视，那就不是真正的亲子陪伴。虽然孩子和父母在一起，却感觉不到关注，我想他们那种孤单的感觉也会很强烈。

亲子陪伴是一件看似简单却并不简单的事情，陪伴的质量有高低之分，陪伴的内容也有真伪之别，最核心的其实还是在于家长是否真的愿意靠近孩子，走进孩子的内心。家长要关注孩子的情绪，看得见孩子的需求，并且接纳孩子，帮助孩子一起寻找解决问题的方法。有了这些，即使家长的空余时间比较少，也能进行高质量的陪伴！

孩子还听不懂大人讲话的时候，父母需要和孩子说话吗？

Q 常 爸：

有些家长不太重视和孩子的早期交流，认为孩子既听不懂大人讲话又不会自己说话，家长说什么话都得不到明确的回应，所以干脆就少说，甚至不跟小孩子说话。请您从脑科学的专业角度来向家长阐述一下“在孩子还听不懂大人讲话的阶段，家长和孩子进行交流互动的重要性”。

A 刘 丽：

家长常和小孩子交流互动，最显而易见的作用就是促进孩子语言的发展。不管是母语还是二语，语言的发展都是需要“材料”的，孩子只有积累了足够多的语言材料，才能让脑的语言通路发展成熟起来。

Q 常　爸：

根据语言学家克拉申（Krashen）的理论，不论是母语习得还是二语习得，孩子总会经历一个相对较长的“沉默期”（The Silent Period），也就是孩子在掌握说话能力前，都会有一段“听”的输入过程，只有孩子听懂的量达到了一定程度时，他才会开口说话，开始输出。克拉申认为“沉默期”是使孩子建立语言能力的必要环节和正常过程，在这个阶段，孩子主要通过“听”来提高语言能力。所以家长要为孩子创造良好的“听”的环境，虽然“说”的能力会到来得比较慢，但它是不会缺席的。

A 刘　丽：

解释得非常专业。除了语言方面，**家长和孩子早期交流互动的第二个非常大的好处，就是可以促进孩子脑的发育。**孩子虽然还不会说话，但“听”本身也是一个非常复杂的过程。孩子不仅要用大脑加工语音信息，还要观察爸爸妈妈的表情、嘴型和动作，感受爸爸妈妈情绪的变化，理解爸爸妈妈说话的意图——这项看似简单的活动对孩子脑的刺激却是多方面的。在这个过程中，孩子的脑会发生可塑性的变化，在处理面孔、声音（语言）、意义、情绪等不同种类信息的脑区之间建立联系，把高效的、走得通的、用得好的那些“通路”越建越长，越修越宽。不光是语言的通路，还有感知觉与注意、情绪情感等通路，以及不同通路之间的联系都会被建立起来。

Q 常　爸：

所以看似简单的早期交流互动，对孩子脑发育的促进却是全方位的。

A 刘　丽：

是的。**对于孩子来说，早期的交流互动也是对脑的一种学习训练。**人类的语言都是有内在规律的，大量研究表明，语言的学习其实是一个优化统计学习的过程。家长在跟孩子用语言沟通的时候，孩子会从语言当中摸索出规律。举个简单的例子，现代汉语拼音中有“阴平”“阳平”“上声”“去声”四个声调，人听得多了，大脑就能统计出这个规律了。如果孩子从小听粤语长大，他的大脑统计出来的声调相应的就是六个。脑就像是一台计算机，你给了它什么，它就会学习什么，前提是你需要把充足的、适宜的、有意义的材料给孩子。

Q 常　爸：

这样看来，沟通交流真的非常重要。家长们一定不要轻视这个举动，而要尽量多和孩子交流，即使一段时间内孩子太小不能和家长互动，家长也要坚持和孩子多说话。

“看看、听听、摸摸、闻闻、尝尝”这样的感官运动可促进婴儿脑发育？

Q 常　爸：

还不会爬行、不会走路的小婴儿，每天的睡眠时间较长，大运动相对较少。这个阶段的孩子，大家普遍认可的一个观点是“看看、听听、摸摸、闻闻、尝尝”这几个简单的感官运动，其实就可以促进其脑的发育。您能谈谈其中的道理吗？

A 刘　丽：

从儿童脑发育的角度来讲，婴幼儿大脑最早发展的就是感觉神经系统。视觉、听觉、触觉、嗅觉、味觉等多感觉刺激输入脑部，然后大脑通过加工、分析、输出，引导婴幼儿做出反应。**家长为婴幼儿提供看、听、摸、闻、尝的机会，能够促进其相关感觉神经系统的发展。**婴幼儿 2 岁之前的思维基本都处于感知运动阶段，或者说感知运动的发展是孩子在 2 岁前最主要的任务。所以，这些看似简单的感知运动，对于孩子的脑发育和思维发展是非常好的。

Q 常 爸：

那么，家长具体应该怎样帮助孩子训练这些感知运动呢？

A 刘 丽：

其实，现代家庭环境的布置已经很多样化了，没必要刻意地去为孩子制造“特别的”刺激，日常生活中就地取材即可。

小婴儿出生后，一开始会对一些黑白色的横竖线条感兴趣。随着慢慢长大，他会对复杂一些的、带有弧度、曲线的图形感兴趣。研究表明，小婴儿对一些规则的、复杂图形的注视时间长于简单、单调的图形。

对于刚出生的婴儿，家长可以给他们看一些黑白条纹图案；对于 1~2 个月的婴儿，家长可以给他们看一些对比鲜明的黑白或彩色的视觉图案，注意图案不要太简单，但需要有一定规则；对于 3~4 个月的婴儿，家长可以给他们看一些移动的物体，比如拿一个红色的球或者一张色彩鲜艳的图片在孩子眼前移动，同时通过语言和动作引起孩子的注意，促进其追视[①]能力的发展。

① 将一个比较显眼的物体在孩子面前缓慢移动，孩子转动眼睛或头部追着物体看的行为，称为“追视”。

对于再大一点的婴儿，家长就可以多带他四处走动，丰富其视觉经验了。这时候，环境的布置就变得非常重要，要在孩子生活的环境中挂一些色彩明丽的画或其他装饰，放置一些色彩丰富的物品或者能移动的玩具，等等。

以上是关于孩子的视觉发育，那么家长要怎样来促进孩子的听觉发育呢？

其实孩子一生下来，就具备敏锐的听力。研究发现，刚出生的新生儿吃奶的时候，如果让他听口琴的声音，他会停止吃奶；如果多次重复，孩子习惯之后，就不会停止吃奶了。但如果这时候换一种声音，孩子又会开始停止吃奶。这说明刚出生的孩子已经具备良好的听力，但需要注意的是，**刚出生的孩子虽然能听到声音，但他并不明白声音的意义。所以孩子出生后听觉发展的重要任务就是理解声音的意义。**

首先，非常关键的一个方面是，家长要多跟孩子说话、唱歌、讲故事，帮助孩子发展听觉语言，让孩子能够听懂语言这种“特别的声音”。**对于 2 岁以内的孩子，家长要多用“妈妈语”跟孩子说话。所谓“妈妈语”指的是一种家长对婴儿说话的方式，这种方式的句子比较简单，语调比较夸张，并且词汇较多重复。**研究表明，这种方式有利于婴儿听觉语言的发展。虽然这种方式被称为“妈妈语”，但并不是只有妈妈们才需要这么说话，爸爸及其他扶养人如果以这种方式对孩子说话，也有利于孩子听觉语言的发展。

其次，现在很多家长让孩子通过听英语童谣、歌曲或者有声故事来“磨耳朵”，我觉得也可以。除了语音以外，我们还可以让孩子听自然界中的各种声音以及音乐等，让孩子知道风声、雨声、动物的叫声、音乐声，等等。

Q 常　爸：

在这里我要提醒一下家长，虽然“摸”“闻”“尝”都是很重要的感知运动。但是，家长不能因为想让孩子多辨别几种味道，就给孩子乱吃，要根据孩子的实际年龄，给他吃适宜的食物。

A 刘　丽：

是的，适宜刺激即可。在这里，我想给各位家长推荐两个日常小活动来帮助孩子发展大脑。

第一个，拿一根树枝来敲击树干，发出有节奏的声音，教孩子认识声音节拍，跟随声音的节拍律动，这就是简单又有意义的“听听”亲子互动。

第二个，在桌子上摆放各种不同的饼干，厚的、薄的、粗糙的、光滑的……一边让孩子体会饼干的不同手感和味道，一边跟孩子讨论饼干的不同之处。这样的活动，不仅能发展孩子“摸摸”“尝尝”的感知能力，还能锻炼孩子的语言表达能力。

所以说，家长通过日常生活的一些小活动，就能帮助孩子发展大脑，不要过于刻意追求“黑白卡”“彩色卡”的训练，生活当中亲子交流的点点滴滴就够了，当然前提是我们要跟孩子做有意义的亲子交流。

生活及大自然才是大脑最好的养料。家长应该多让孩子感受大自然正常环境给他的刺激，再通过日常的小活动和亲子互动，就能帮助促进孩子脑发育。除非是一些特殊的孩子，比如早产儿或者神经发育异常的孩子，他们需要一些特别的帮助。

Q 常　爸：

大自然给予孩子的感官刺激是最好的。即使家长无法每天带孩子去感受大自然，随着现在玩具种类的日益增多，家长们也可以借助丰富的小玩具，来提高孩子的各种感官功能。

A 刘　丽：

如今，婴幼儿的玩具种类越来越多。家长可以遵循“种类丰富，但不过量”的原则，来为孩子挑选玩具。但室内玩具不能代替大自然，孩子还是要多多接触大自然。其实，不论是通过大自然还是玩具，对于婴幼儿来说，促进他们的脑发育，就是两个原则：丰富适宜的活动和与家长有意义的互动交流。

Q 常　爸：

现在还有一个现象，就是很多家长从孩子一出生，就正式走上“焦虑式育儿”的道路。有些家长完全是“照书”养孩子，对孩子进行各种有计划的训练，您是怎么看待这个现象的呢？

A 刘　丽：

造成这个现象的其中一个原因是家长对“科学”的误解，认为科学就是“高高在上的，普通人无法触及的”。以脑科学为例，家长往往觉得只有经过“专业、特别”的训练才能帮助孩子脑发育，而忽视了孩子是在生活中成长的这一基本事实。比如有些家长大量翻看各种育儿书，研究如何做才能对孩子的大脑有益，如何做才能帮助孩子的脑发育，总觉得自己不够专业、不够科学，把自己弄得很焦虑，觉得自己不是一个“完美的妈妈”或“完美的爸爸”。这样家长很累，孩子也很辛苦，所以我并不提倡家长这样育儿。

完全“照书”养育孩子，并不代表就是科学育儿。因为书中所写的一些小活动、小游戏，有的孩子能做到，有的孩子做不到。一旦孩子达不到书中的标准，家长就会产生挫败感，同时还会对孩子的能力产生怀疑。这样的养育方式，对家长和孩子而言，都是非常辛苦的。每个孩子都是不同的个体，存在一定的差异。**家长需要掌握正确的育儿原则，然后再灵活地运用到自己孩子的身上，而不是机械地去训练孩子。**

Q 常　爸：

所以，家长要在遵循孩子自然发展规律的前提下，陪伴孩子，跟孩子做有意义的日常互动交流，这才是帮助孩子脑发育和各项功能发展的关键。

运动可以开发婴幼儿的脑吗？

Q 常　爸：

我们经常听到“多运动能够让宝宝变得更聪明”的说法，这个说法有科学依据吗？运动可以开发婴幼儿的脑吗？

A 刘　丽：

在婴幼儿阶段，运动和脑发育是“互为因果”的关系。也就是说，一方面，脑发育需要达到一定程度，孩子的运动能力才会发展起来。比如说，每个孩子学会翻身、坐、爬、行走等动作的时间都不一样，但还是会有一个大致的年龄范围。这是因为在这个年龄范围，孩子的脑发育成熟到了相应的程度。

人类的婴儿和很多哺乳动物的幼崽不太一样，很多小动物的幼崽可能一出生就会蹦蹦跳跳，而人类幼崽出生后，大脑并没有发育到足够成熟，所以婴儿需要在体外再发育一段时间后才可能发展出一些动作，比如翻身、坐、爬、走、跑、跳等。脑发育是孩子产生这些动作的一个“因”，所以运动能力特别滞后的孩子，家长要考虑孩子是否存在脑发育迟缓的风险。

反过来，运动又能促进孩子的脑更好地发育，因为婴幼儿时期，运动是孩子感知世界和发展思维的一个重要手段。皮亚杰在归纳思维发展规律的时候说：**孩子思维发展的第一个阶段就叫“感知运动发展阶段”。**这个时候，孩子就是通过咱们刚刚说过的“摸摸”“看看”等来感知世界，接下来就是通过运动来认识世界。比如，孩子很小的时候，也许他并不懂这个物品是什么，他就会通过“敲一敲”“砸一砸”，去认识和了解这个物品。

我们在日常生活中会发现，很多小孩子喜欢把桌子上的东西拨拉到地上。让东西掉到地上的过程，其实也是孩子在通过运动来探索世界。所以，让婴幼儿阶段的孩子多运动，是能够促进其脑发育的。家长可以引导孩子去运动，但不能为了促进孩子脑发育，逼迫孩子运动。

Q 常　爸：

是的，家长要把握好这个“度”，不能走极端。既不能因为想促进孩子脑发育而逼迫孩子运动，也不应该因为怕孩子受伤而过度保护孩子，不让孩子运动。

A 刘　丽：

是这个意思。日本有位脑科学家叫小泉英明，他曾经写过一本书，书中就强调了不能过度保护孩子。举个日常生活中的例子：有的家长坚决不让孩子光脚丫踩地，生怕孩子会着凉，这就是有点儿过度保护了。其实，偶尔让孩子光着脚丫踩踩地、踩踩沙子，就是在提高孩子的感知能力。我着重想强调的是，家长不需要出于对孩子的过度保护，而限制孩子。

也有走向另外一个极端的例子：我之前看过一则报道，一位家长为了锻炼孩子的抗寒能力，一年四季都让孩子穿短袖、短裤，给孩子洗冷水澡，这种极端的方式是我无法理解的，也是不可取的。在孩子成长的过程中，我们要给孩子丰富并且适宜的刺激。孩子的小脚丫偶尔踩一下地，家长无须担忧太多，但家长也不能给孩子太过度的刺激，用极端的方式换来所谓的脑发育和身心发展是不可取的。

Q 常　爸：

看来，想要促进婴幼儿脑发育，运动确实是必不可少的一部分。0~3 岁婴幼儿学习各项技能，比如自己吃饭、穿衣、穿鞋、如厕、收拾玩具等，其实也是运动的过程。这些也都会在无形之中促进孩子的脑发育。

A 刘　丽：

是的。在没有安全隐患的情况下，家长要舍得锻炼孩子。家长要让孩子自己学着吃饭、穿衣、如厕，不能替孩子包办一切事情。因为孩子想要自己动手做事的时候，他的规划能力、思考能力都能得到锻炼，家长不要因为担心孩子做不好，而什么事情都不让孩子去做，这样会打击孩子的主动性和探索欲。

Q 常　爸：

为了孩子的脑能更好地发育，家长还是要学会放手。婴幼儿的运动分为“大运动”和“精细运动”。比如说抬头、翻身、坐、爬、站、走、跑、跳等属于大运动，拇指和食指的捏合、脚趾的活动等属于精细运动。那么这两种运动方式，对于孩子的脑发育，是同等重要的吗？

A 刘　丽：

大运动和精细动作，对于孩子的脑发育是同样重要的。孩子的个体差异很大，学会大运动或精细运动的时间会不尽相同。作为家长，我们既要关注孩子大运动的发展，又要关注孩子精细动作的发展。因为有的孩子大运动发展得好，精细运动相对较弱；有的孩子精细运动发展得好，大运动相对较弱。家长要关注自己孩子的运动情况，不管是大运动还是精细运动，对于孩子的成长发育都是非常重要的。在孩子的成长过程中，使用筷子就是一项最常见的精细运动。现在幼儿园中大班的孩子，老师都会要求他们学会使用筷子。使用筷子这个动作其实很复杂，需要孩子脑、手指、眼睛、口等各方协调，才能把饭菜准确地送进口中。对于三四岁的孩子，家长在家里就可以慢慢教孩子使用筷子，及时给予指导和帮助，尽快让孩子学会这项精细动作。

二胎家庭中，老二更聪明？

Q 常　爸：

我之前听到不少家长说自家的两个孩子中，二胎的孩子比头胎更懂事、聪明。这种现象有没有科学依据呢？

A 刘　丽：

其实没有大样本的研究来证实“二胎比头胎更懂事、聪明”，反而国外有心理学家认为“一个家庭中的长子（长女）更聪明”。研究发现他（她）们在各个关键岗位上的人数占比更多。

支持老大更聪明的依据有：因为家中的长子（长女）获得父母关注的时间比较多，生来就有更高的社会地位，也容易获得更多的社会资源。比如：东亚文化圈的“长子继承制”，就代表着长子拥有家族的人脉、资源和较高的社会地位。

也有支持老二更聪明的依据，比如：父母在养育老二的时候，往往经验更为丰富，家庭经济积累也往往有所增长，且老二有老大作为学习和交往的对象。但以上这些所谓的依据目前还都是假设，专家们对此问题并没有充足的研究，也没有特别准确的研究结论。

提起“家中老二”就会让人想到研究孩子出生顺序对性格等影响的心理学家阿德勒。他认为，老二时时刻刻想要超过自己的哥哥或姐姐；并且，相较于之后出生的弟弟妹妹，老二或许没有老幺受宠。所以老二通常协调性高，善于与人交际、谈判。

Q 常　爸：

可能是有些家庭在养育第一个孩子的时候，生怕教育不好孩子，就“照书”养，所以给了孩子很多条条框框的约束。而在养育老二的时候，则会“放养”，给予孩子更多的自由空间，孩子敢于表达自己的想法，看上去就更加机灵。

A 刘　丽：

有这个可能。家长在养育老二的时候，经验更加丰富，心智也更加成熟，就不再“教科书式养育”了。老二更弱小，更需要家长的关注，老二为了得到父母的关注，也往往会表现得更贴心、机灵。同样的父母，同样的生活环境，一个家庭中多个孩子的智商往往存在差异，但可能与出生顺序关系不大，更多地与遗传、亲子互动方式等有关。古往今来，所有取得成就的人，都会受到多方面因素的影响，出生顺序的影响在现代社会也许不是一个关键因素。所以家长要尽量公平、公正地对待每一个孩子。

“Terrible Two（可怕的两岁）”到底是怎么回事?

Q 常　爸：

很多人都知道“Terrible Two（可怕的两岁）”，指的是很多小宝宝从 2 岁开始突然“性情大变”——原本听话乖巧的孩子变得不听话，格外任性，常常无故哭闹，这让家长非常闹心，无力招架。从脑科学的角度来看，孩子在这个阶段的表现该怎么解释呢?

A 刘　丽：

我们前面介绍过，到 2 岁左右，孩子脑的整体架构基本上已经建立起来了，枕叶、颞叶、顶叶、额叶等脑区的大小比例已经非常接近成年人。**大脑发育得越来越完善，这个阶段的孩子进入了自我意识敏感期。**自我意识敏感期最初的表现是孩子学会了说“我”。2 岁前的孩子基本不会说“我”，他只会学着家人的样子去称呼自己。有的叫自己“宝宝”，有的叫自己的乳名，也有的会错把家人说的“你是宝宝”中的“你”当作是自己的代称。2岁后，孩子掌握的技能越来越多，明白的事情也越来越多，当他发现自己是一个能控制自己、有能力做很多事情的个体之后，他的自我意识就觉醒了。

也是在这个阶段，孩子学会了走路、奔跑。通过两年多对环境和周围人的观察和接触，他对于原本陌生的世界也越来越熟悉。孩子也越来越知道自己能做很多事情，可以不听爸爸妈妈的话了。你说东，他就反着说西；你让他这样做，他非得那样做，好像非得跟大人不一样，才能“刷出自己的存在感”，显示出自己的能力。可以说，**这是孩子人生中的第一个“叛逆期”。**

不过，这个时候的孩子无论是心智还是身体，都远没有达到成熟的程度，他们难以辨别什么是好的，什么是坏的，什么是安全的，什么是危险的，所以家长经常需要对幼儿的一些不恰当的行为进行引导。而且由于语言能力没有发展完善，很多孩子很难准确地告诉父母自己的想法。因此，冲突就在这时候产生了。如果这时爸爸妈妈不明白其中的原因，还是想要去控制孩子，把孩子自我意识觉醒的表现当成“任性”和“不听话”，单方面从言语和行动上惩罚孩子，那就只会让孩子感到沮丧、困惑和紧张。

Q 常　爸：

是的，原来在摇篮里老实听话的宝宝们，学会了走路、吃饭这些基本的生存技能后，有了自己的主张和坚持，比如想要自己

穿衣服，想要自己拿筷子，想要自己倒水喝……总之，他们想要按照自己的想法去做很多之前家长帮他们做的事情。与此同时，他们也学会了对抗家长。家长一方面怕孩子做有些事情会有危险，另一方面还是忍不住插手帮助孩子，所以我们经常能看到孩子“逆反”的行为发生。

这个时期，孩子出现逆反的表现非常正常，家长要合理地进行引导，不要轻易地就给孩子“贴标签”。有一次，我在游乐场看到有两个孩子抢玩具，旁边的奶奶要求其中一个孩子把玩具分享给另一个孩子玩，孩子不愿意，奶奶就说孩子“小气鬼”“很自私”。其实这样的说法对孩子很不公平，在孩子的眼里，这个玩具就是他的，他不想分享。他不了解“分享”的意义，也不理解家人让他分享的原因。

A 刘　丽：

是的。**孩子长大的过程就是一个社会化的过程，这是一个很漫长的过程，也是一个不断学习、体验的过程，家长没有必要要求孩子短期内接受所有的社会规则。**

比如“分享”这件事情，孩子小的时候难以理解它的真正价值是什么。即使我们反复跟孩子解释“分享”的意思，但在他没有相关人生经历的时候，他也只是理解了这个词语的字面意思，所以，当有人要求他分享的时候，他会进行反驳：“分享给别人我就没有了，那我为什么还要分享？”从逻辑上看，孩子的理由无懈可击，但是孩子不知道，很多东西的价值不在于逻辑。

这些价值感需要孩子有很多的社会经历后才能有所体会。当其阅历、思维达不到一定的高度，他就不能真正地理解，所以家长越是要求他，他就会逆反得越厉害。

此外，**幼儿心理发展的一个特点就是认为自己是世界的中心，还不能从他人的角度思考问题，这也是幼儿叛逆的一个原因。**所以，我们不妨引导孩子进行换位思考，用孩子这个阶段能接受的方式来解决这个问题。比如，我们可以跟孩子说："如果你想要玩别人的玩具，是不是也很想让别人分享给你呀？"或者说："他可以用他的玩具来交换你的玩具，这样你就能玩到两种玩具。"诸如此类，家长要顺着孩子的思路去解决问题，而不是急于挑孩子的"毛病"。

Q 常　爸：

对，作为家长，我有时候也在想：当孩子乱发脾气，或不停闯祸让你心烦意乱的时候，你有没有给他足够多的耐心和理解？你有没有给他自由的空间呢？当然，很多爸爸妈妈也很无奈，工作忙碌，时间有限，耐心也有限，有时面对孩子的这个小小"叛逆期"也很无助。但是我还是希望家长在遇到孩子逆反的时刻，能够保持理性。如果还有一点儿时间，就让孩子自己试着做一做；如果还有一点儿耐心，那就陪在孩子身边，让他慢慢探索……这个时候，我还是想替孩子们说一声："理解万岁！"或许随着孩子慢慢长大，我们就会发现，这个努力长大、有点儿脾气和天真的小孩，其实并没有想象中那么"Terrible"。

本章小结

- 母乳喂养对于孩子的智力发展确实有促进作用，但是效应很小。

- 亲子陪伴对孩子情绪情感发展的影响非常深远，在孩子长大之后还会如影随形。极端缺爱的环境会对儿童的情绪情感相关脑区发育带来负面的影响。

- 亲子陪伴的三个原则：第一，要有稳定的可以照顾孩子的人。第二，陪伴孩子时，父母要调整好自己的情绪，平和的父母更能理解孩子。第三，先关注孩子的情绪，再处理事件本身。

- 不管是母语还是二语，语言的发展都是需要“材料”的，孩子只有积累了足够多的语言材料，才能让脑的语言通路发展成熟起来。只有孩子听懂的量达到了一定程度时，他才会开口说话。

- 为婴幼儿提供看、听、摸、闻、尝的机会，能够促进其相关感觉神经系统的发展。

- 在婴幼儿阶段，运动和脑发育是“互为因果”的关系。大运动和精细动作，对于孩子的脑发育是同样重要的。

- 同样的父母，同样的生活环境，一个家庭中多个孩子的智商往往存在差异，但可能与出生顺序关系不大，更多地与遗传、亲子互动方式等有关。

- 孩子长大的过程就是一个社会化的过程，这是一个很漫长的过程，也是一个不断学习、体验的过程，家长没有必要要求孩子短期内接受所有的社会规则。

01234
56789

第八章

脑与婴幼儿启蒙教育

孩子在婴幼儿时期，脑的可塑性非常强，学习能力也非常强。家庭需要为婴幼儿的脑发育与全面发展提供丰富、适宜的活动。

早教课有利于孩子的脑发育吗?

Q 常　爸:

现在有一些早教机构，针对 6~36 个月的婴幼儿，以运动、情绪、语言等方面为切入点，设置多样且有趣的早教课程。当然，这样的课程一般也是价格不菲。很多年轻父母想问："这样的早教课真的能促进孩子的发展吗？"请您从脑科学的角度说一说。

A 刘　丽:

对于正常发展的绝大多数孩子来说，其成长的环境就足以支持他的脑发育了。因为现在的社会环境和家庭环境本身就已经能够为孩子提供非常丰富的刺激。当然不排除一些极端贫困和发展落后的地区，孩子成长的环境资源比较匮乏，可能会限制孩子的脑发育。

我说的要给孩子提供“丰富的刺激”，不是说让孩子经常受

“惊吓”或者让孩子每天去接触“刺激”的事情。这里的“刺激”指的就是我们日常呈现给孩子或让孩子感受的东西，就是我们认真陪伴孩子度过每一天的日常生活：在家让孩子看书、带孩子出门溜达看风景——这是对其视觉系统的刺激；给孩子讲故事、听音乐、唱儿歌——这是对其听觉系统的刺激；在保证安全的前提下，让孩子在地上爬、用小手触碰各种物体——这是对其感知运动系统的刺激……这些都是对孩子脑部的刺激，做到这些就足以让孩子的大脑在适宜的环境中发育和成长了。

新手父母往往比较容易紧张、焦虑，且对孩子的教育尤其关注，怕孩子输在起跑线上，恨不得把世界上所有最好的东西都给孩子。我能理解这种心情，但还是要提醒大家别掉入误区。**父母才是教育孩子最好的主体和建构者。**

Q 常　爸：

如果家里的经济条件允许，家长可以选择一些优质的早教课。孩子能通过上早教课接触到新鲜的东西，接触到更多同伴，从而丰富生活经验，家长也能学到一些正确的育儿观念和方式。如果条件不允许，那不上也没有问题。我们在日常生活中也能给孩子创造出丰富有趣的活动，从各种育儿平台和书籍上也能学到很多育儿知识，对孩子的发展来说，家长的用心比任何课程都更有价值。

A 刘　丽：

对，亲子互动游戏对开发孩子的大脑有很好的促进作用，只要家长提供恰当的环境，孩子会自然而然地发展。也就是说，对于绝大多数的孩子来说，不需要特殊干预，在正常的家庭环境中，家人的充分陪伴就可以保证孩子脑部的正常发展。

不过有两种情况需要注意：

一种情况是，有些孩子没法得到家长优质的陪伴。比如孩子和父母相处时间很少，主要由老人抚养，家庭环境比较单一等。这种情况下，优质的早教课可以起到丰富孩子的生活环境，特别是增加孩子与同龄人的互动环境的作用。

另一种情况是，**对于一些早期智力发育落后，或者存在多动症、自闭症等神经发育问题的孩子来说，他们的确需要接受一些系统化的专业干预，而且越早越好。**

“贵人语迟”的说法科学吗?

Q 常　爸:

有的孩子说话早，有的孩子说话晚。大家会觉得开口说话比较早的宝宝聪明机灵；而面对开口说话比较晚或会说的词语比较少的宝宝，有的人会安慰孩子家长：“没有关系，这是贵人语迟。”此话一出，好像“语迟”的孩子更聪明。这样的说法科学吗?

A 刘　丽:

这句客套话的误导性和危害性很大，我们在这里必须要强调：**“贵人语迟”没有任何科学依据。**没有任何研究证实说话晚的孩子就更聪明或者更有出息。**相反，孩子说话晚很有可能是语言发育迟缓的表现，甚至可能存在脑发育滞后的问题。**如果家长因为“贵人语迟”这句客套话而不去及时关注孩子，很有可能会延误治疗。孩子越小，脑的可塑性越强，越早训练，恢复的可能性就越高。

在这里我还想跟家长分享一个观念：**语言能力是人脑独有的高级认知功能。**人脑皮层上有非常大的面积是用于加工语言的。在幼儿所需的各种各样的启蒙当中，语言启蒙应该处于非常核心的位置。人作为一种社会性动物，从出生开始，生存、生活、学习、工作和社交都离不开语言，语言对于人的毕生发展都非常重要。所以，家长切不可因为“贵人语迟”的误导，忽视了幼儿的语言启蒙和语言发展。

Q 常　爸：

孩子大约什么时候开始说话算正常呢？什么情况下家长需要带孩子去医院治疗呢？

A 刘　丽：

一般来说，一岁左右的孩子应该会说单个词语，比如，“爸爸”“妈妈”“球”“奶”等。大多数孩子在一岁半时进入词汇爆发期，学习词汇的速度明显加快，每天都能学会几个新词。两岁左右，孩子会说双词组成的短语或短句，比如“宝宝拿”“妈妈走”“开汽车”等。三岁左右会说“三词句”，就是包含主语、谓语和宾语的完整句子，比如“宝宝开车”“宝宝喝水”等。

以上我所说的都是最低标准，大部分发育正常的孩子都会超过这个标准。如果孩子在相应的年龄段达不到上面的标准，家长就要注意了。

对于年龄较大一些的孩子，比如四岁孩子还有较多发音错误，其说话内容不易理解；五岁孩子还不能讲简单的故事，家长都要引起重视。我们希望家长可以更早关注到孩子语言发展的问题，不要等到孩子四五岁这个年龄。

此外，在说话早晚方面，个体之间是有差异的，男孩、女孩也是有差异的。从群体规律来说，大部分女孩要比男孩说话早4个月左右。**家长遇到自己家孩子说话晚的问题，既不要盲目着急，也不要视而不见，还是需要带孩子到医疗机构，让医生进行专业的甄别和判断，从而确定孩子说话晚是暂时性的发展落后，还是病理性的语言发育迟缓。**

需要提醒家长朋友的是，语言迟缓类的疾病要找专业的言语治疗方面的专科医生。很多家长朋友看到孩子不说话或者说话晚，就带孩子去看口腔科，其实由发音器官的问题造成的语言发育迟缓，仅占其中极小的一部分。

Q 常　爸：

那造成孩子“语迟”的原因有哪些呢？家长能做什么呢？

A 刘　丽：

造成孩子“语迟”的因素可以分为四类：

第一类，感知方面的原因。比如听力受损、听力障碍等。

第二类，言语运动方面的原因。比如发音器官唇、舌、下颌协调性不好。

第三类，认知（思维）方面的原因。为什么认知发展会与语言发育迟缓相关呢？这是因为语言是人表达思维的工具，某种程度上“思维是内容，语言是形式”。认知发展又与脑发育密切相关，既受到先天的脑发育的影响，也受到一些后天因素的影响。一些后天导致的脑发育异常，比如外伤、感染、发烧之类的原因所造成的脑发育异常，也会影响孩子的认知发展，进而影响其语言的发展。

第四类，语言环境方面的原因。孩子的语言学习与发展需要语言环境。如果孩子长期缺乏家人的陪伴，或者抚养人与孩子之间的语言交流和互动不足，这些也会导致孩子语言发育迟缓。往往在改善了孩子的语言环境之后，孩子的语言能力就会很快发展起来。

Q 常　爸：

这样看来，语言环境原因导致的“语迟”现象是比较容易改善的，也是家长们应该多加关注的，我觉得以下几点需要提醒家长们。

一、不要觉得幼儿还不会说话就不跟他交流，相反，跟幼儿说话，就要“没话找话”，不用在意孩子听不听得懂，大量的语言输入是在为他后期的语言输出做准备。

二、不要过度“满足”孩子的需求，要引导孩子说话。很多爸爸妈妈很厉害，单凭孩子的一个眼神或者某个动作，就猜得出来孩子想要什么、想说什么，不等孩子开口就立刻满足了他的需

求，长此以往，孩子就会觉得没有说话的必要。其实家长应该经常“装装傻”，故意引导孩子说出自己的想法和需求，激发出他的表达欲望。

三、不要打击孩子说话的欲望。幼儿刚开始学说话的时候，发音往往不准确，比如把“狗”发成“dǒu”，“姑姑”发成“dū dū”……这个时候大人不应该嘲笑或者打断孩子，这样会打击孩子说话的积极性，导致孩子不再愿意开口说话。家长应该让孩子尽量地多说多练，尽情地表达自己的想法。

学习第二语言越早越好?

Q 常 爸:

重视二语学习的家长都有一个疑问：孩子应该从几岁开始学习第二语言？是不是越早越好？

A 刘 丽:

幼儿的二语学习实际上也应该像学母语一样，在环境中潜移默化地学习。对于孩子应该从几岁开始学习第二语言这个问题，我们应该从孩子语言学习的规律说起。语言习得存在敏感期，这是学术界公认的。

世界知名发展专家帕特里夏·库尔（Patricia Kuhl）研究指出：**每个婴儿天生都是世界语言学习的天才，但这种能力的“有效期”非常短暂。如果孩子在1岁前没有接触过二语的话，他对二语语音的敏感性就会下降。1岁之后，孩子很可能就会丧失分辨这种语**

言发音中微妙差别的能力。比如，汉语中没有而英文中存在的 v-w 这两个辅音的差异，以及短元音和长元音的差异。

有一种理论认为，这其实和大脑神经元突触的修剪有关系。0~1 岁是孩子神经突触的快速形成时间，1 岁之后突触的修剪过程便开始了。突触的修剪被认为是剪掉没用的神经连接，以便让脑的运行更为高效和流畅，就像剪枝能让树长得更好一样。修剪的原则便是根据环境的需求，保留有用的，剪掉“无用”的。

所以，如果在适合学习二语的时候，我们没有为孩子提供二语的环境，孩子学习这门语言的“突触”就会被修剪掉，那孩子长大后再学习这门语言就比较费劲了。

Q 常　爸：

是的，别说二语了，我们身边有一些南方人说话 l 和 n 不分，前鼻音和后鼻音不分，其实就是他们从小听到的语言中没有 [l] 和 [n]、前鼻音和后鼻音的区别。长大后由于他们从听觉上就已经丧失了区别这种微妙差别的能力，所以嘴巴也难以将这些语音发得准确。

A 刘　丽：

当然，通过后天的针对性训练，超过 1 岁的孩子也能够重拾这种能力，毕竟幼儿阶段是脑发育速度最快、可塑性最强的阶段。但是孩子年龄越大，重拾这种能力需要付出的努力就越大。所以，单从语音辨别能力来说，孩子学习二语是越早越好。

Q 常　爸：

针对婴幼儿处于辨音能力很强的敏感期，从孩子一出生，家长就可以有意识地引导孩子听二语童谣，感受二语的语音、韵律以及常用词汇，从语音角度开始“磨耳朵”。当然，这个“磨耳朵”的阶段还少不了亲子互动的环节，我们可以把听到的语音转化为好玩的语音游戏。

以英语学习为例，比如，我们在陪孩子听英文童谣《幸福拍手歌》(*If You Are Happy and You Know It*)时，听到“If you are happy and you know it, clap your hands”，我们要带着孩子跟着节拍做拍手的动作；听到“If you are happy and you know it, stomp your feet”，就做出跺脚的动作……这样不仅能够让孩子通过语音输入学习英语，还能让孩子将语音、动作和身体部位对应起来，使相对来说陌生的英语语音变得有意义，更能引起孩子的兴趣。现在互联网上有大量的英文儿歌和游戏，家长可以选择性地下载使用。

A 刘　丽：

对，注意学习的方式要适应孩子的发展阶段。在婴幼儿阶段，我们应该以游戏的方式进行语言的启蒙教育，不要一提到学习，就把孩子送到以僵化刻板的方式去学习的机构。**0~3 岁幼儿学习第二语言的关键在于营造较为自然的语言环境，为孩子提供高质量的、可以理解的语言输入。**您提到的听英文儿歌以及让孩子看英文动画片等，都是符合这一理念的很好的二语启蒙方式。

除了语音学习的关键期，二语学习还有内化语法的敏感期。我们都知道美国是一个移民国家，有的人是从小跟着父母移民，有的人是长大后到美国深造或者工作从而移民。有人对这些移民的移民时间和语法成绩进行了研究（图 7），结果发现：语法成

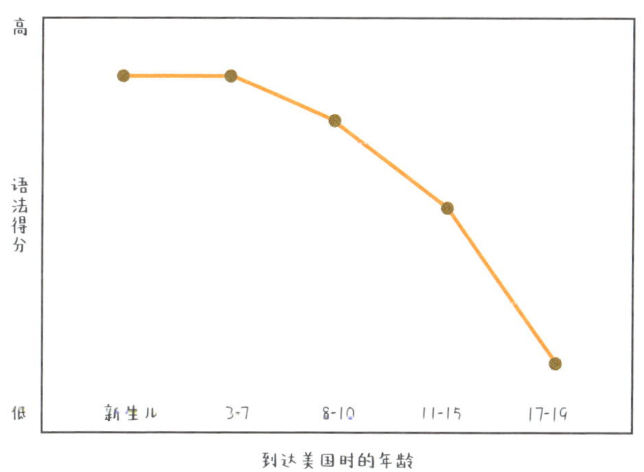

图 7　语言敏感期[1]

① 改编自 Johnson et al., 1989.

绩的高低与这些移民到美国时的年龄密切相关——在 7 岁以前移民的人，对英语语法的敏感度基本与本土人士相当；7 岁以后移民的人，随着年龄的增加对英语语法的敏感度明显下降，基本很难达到本土人士的水平。可以看出，随着年龄的增长，我们的二语学习能力是直线下降的。

Q 常　爸：

联系实际情况，这个结论很容易理解。一些在成年后到美国生活很久的中国人，或者外语专业院校毕业、专业八级水平的人说英语，也常常会单复数不分，“He”和“She”不分，现在时和过去时混为一谈。因为在中文里，没有单复数的概念，“他”和“她”的发音是相同的，也没有时态的区分。所以，20 世纪很多初中以后才接触英语的人，说英语的时候受到中文语法的严重影响，不管多努力，其对语法的敏感度也很难达到美国小学生的水平。

A 刘　丽：

现在学术界一般认为在二语学习中，语音和语法学习都存在敏感期，语音是在孩子 1 岁前，语法是在 7 岁前，如果能抓住这两个时机，启动孩子的天然语言学习机制，使孩子学习二语语音和语法的神经网络得以建立和发展，那他之后的学习就会比较自然和顺利，并且可以习得更地道的二语。**但是词汇、语义、语用的学习没有关键期，所以单词的积累是个漫长的过程，**

成人不用过早让孩子去背单词。

Q 常　爸：

脑科学的研究已经告诉我们，二语启蒙有其敏感期和方法可循。在孩子的母语还没有那么强势的时候，就对他进行二语的发音和语法启蒙，要比过了“敏感期”再让孩子学习二语的效率更高，效果更好，孩子也更有机会掌握比较纯正地道的二语。

学习第二语言会影响孩子母语的发展吗?

Q 常　爸：

有些家长担心，孩子在母语还没有学好的时候就学习第二语言，会产生混乱的感觉，导致其母语学不好或者“语迟”。从脑科学的角度来看，二语的学习会影响孩子母语的发展吗?

A 刘　丽：

关于这个问题有大量的研究，**结果大都表明二语的学习不会影响母语的发展。**举个简单的例子，生活在双语家庭的孩子，他们的两种语言都发展得很好，不存在因为多学了一种语言，另一种语言就发展不好或出现“语迟”的现象。

印度民族众多，语言复杂，它的官方语言是印地语和英语。除此之外，还有上千种不同地方的方言和少数民族使用的语言。据统计，超过百万使用人数的语言就有 30 多种，因而印度大部分人都是双语使用者，甚至是多语使用者，他们并没有出现语言发展混乱的情况。

仅有少量研究表明学习二语会影响母语的发展，如双语儿童的单语词汇量较少等。**但更多研究表明，二语学得好的人，往往母语也会学得好，母语学得好，二语也会相应地更优秀。**这种关联是一种正相关，是一个相互促进的关系。有研究发现，与单语的孩子相比，双语的孩子的确在刚开始的几年里，掌握的每种语言的词汇量相对要少一些，但是这种词汇增长延迟的现象也是暂时的，随着年龄增长，学习双语的孩子的词汇量会赶上来。

Q 常　爸：

早期学习二语对孩子的脑发育有哪些好处？

A 刘　丽：

现在有个热门词汇叫作“双语优势”。这个优势指的不是多掌握一门语言所带来的交流的便捷，而是指双语者在认知上比单语者更有优势。这种优势主要体现在两个方面：

第一，学习二语有利于提高人脑的认知灵活性。

使用双语的孩子经常需要在两种语言间进行切换，比如：在家里说母语，在学校或者见到外国人时会说二语，他们能够自然地根据对象切换语言进行交流。这种在不同语言体系之间的频繁切换，可以增强孩子的认知灵活性。这种转换能力也是人脑中央执行功能的一个重要方面。

第二，学习二语会增强大脑抑制干扰的能力。

一个以汉语为母语，英语为二语的人，他在使用英语进行交谈、阅读的时候，大脑中的汉语系统也会同时被激活。他需要努力地抑制汉语系统，才能让英语系统发挥得好。如果长期不断地重复进行这种“激活——抑制”的训练，大脑的执行控制能力，特别是抑制干扰的能力就会增强。

什么样的玩具可以促进孩子的脑发育？

Q 常　爸：

现在市面上各式各样的玩具非常多，父母尤其会给 0~3 岁的孩子准备很多玩具。有小滑梯、皮球等运动类玩具，故事机、小话筒等语言表达类玩具，积木、棋类等益智类玩具，涂鸦板等操作类玩具，还有酷炫的智能型玩具……新的玩具层出不穷，家长选得眼花缭乱。请问，哪些玩具更有利于促进孩子的脑发育呢？

A 刘　丽：

您列举的这些玩具，有的能促进孩子的大运动的发展，有的能锻炼孩子的精细动作，有的能促进孩子的语言发展，应该说都是很好的玩具，都能为孩子的脑发育提供适宜的刺激。关于如何为孩子选择玩具这个问题，我有以下三个观点想和家长分享。

第一，玩具种类的丰富程度很重要。

对于 0~3 岁的幼儿来说，他们神经系统的各种功能，不论是感知觉、运动，还是比较高级的语言、思维等都处于一个比较初级的发展阶段，丰富多样的外部环境能够促进孩子神经系统的多种功能全面发展。所以，爸爸妈妈给孩子选择玩具的时候，要重视玩具种类的丰富程度。家长要扩展对“智”这一概念的认识，认识到“智”是多元的，而不是单一的。不同的玩具会促进孩子智能的不同方面发展。不是只有棋类、积木类等这些需要“动脑筋”的玩具，才叫“益智玩具”，其他的玩具就不益智。

第二，玩具的玩法很重要。

玩具种类要丰富，但不是越多越好。玩具太多会导致孩子无法安静下来专心玩一个玩具，不利于培养孩子的专注力。爸爸妈妈可以把大部分玩具暂时收起来，一段时间只拿出几类玩具供孩子玩，过一段时间，再换几类玩具让孩子玩。这样，孩子不会感到枯燥，也能更加专注地玩到更多种类的玩具。

第三，成人和同伴给予的互动不可缺少。

神经科学家洪兰曾说“孩子最好的玩具是自己的伙伴”。我非常认同这一观点。首先，家长不要觉得给孩子买一堆玩具就算万事大吉了，我们还是需要花时间陪孩子一起玩、聊天。其次，还要创造一些机会，让孩子与别的小朋友一起玩。作为社会性动物，孩子需要从小学习如何与人交往，比如分享玩具、处理冲突等。

本章小结

◆ 对于正常发展的绝大多数孩子来说，其成长的环境就足以支持他的大脑发育了。

◆ 亲子互动游戏对开发孩子的大脑有很好的促进作用，只要家长提供恰当的环境，孩子会自然而然地发展。

◆ 没有任何研究证实说话晚的孩子就更聪明或者更有出息。相反，孩子说话晚很有可能是语言发育迟缓的表现，甚至可能存在脑发育滞后的问题。

◆ 家长遇到自己家孩子说话晚的问题，既不要盲目着急，也不要视而不见，还是需要带孩子到医疗机构，让医生进行专业的甄别和判断，从而确定孩子说话晚是暂时性的发展落后，还是病理性的语言发育迟缓。

- 0~3 岁幼儿学习第二语言的关键在于营造较为自然的语言环境，为孩子提供高质量的、可以理解的语言输入。
- 大量的研究结果表明，二语的学习不会影响母语的发展。
- 对于孩子来说，玩具种类要丰富，但不是越多越好。成人和同伴给予的互动不可缺少。

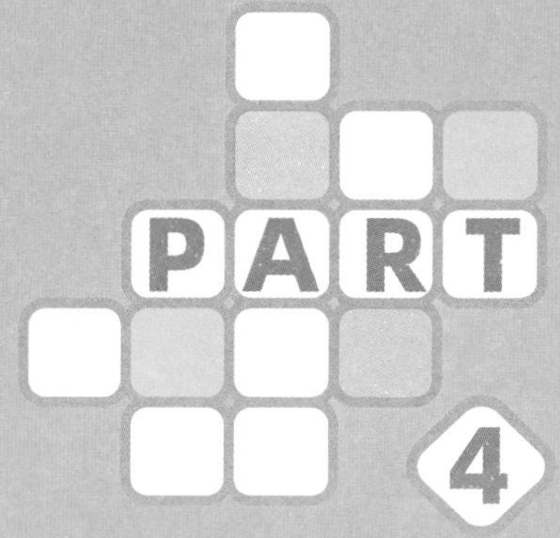

3~6 岁儿童的脑发育

特征一：3~6 岁儿童，脑的发育仍然比较迅速，但是并没有 3 岁以下孩子脑发育那样迅猛。

特征二：3~6 岁儿童，大脑的兴奋机能和抑制机能都有所增强。虽然兴奋机能仍然强于抑制机能，但孩子已经可以在一定程度上控制自己的行为，为适应幼儿园生活做好准备。

特征三：5~6 岁儿童，脑的结构已经比较成熟，为系统地学习知识做好了准备。此时期也是孩子独立自主能力的关键培养期，父母多给孩子创造独立自主的机会，孩子就会越来越积极主动地做事情。

第九章
脑与早期学习

3~6 岁是培养孩子对学习产生兴趣的关键阶段。很多家长希望自己的孩子能对学习感兴趣，而学习的兴趣往往由“好奇心”转变而来。这个时期，家长应该对孩子的好奇心表示尊重，并好好保护好这份“学习兴趣”，引导孩子多听、多看、多动手操作，过早对孩子进行学科知识的灌输和强化训练容易让孩子产生挫败感，破坏孩子的学习兴趣。

怎样保护孩子的好奇心？

Q 常　爸：

3~6 岁的孩子好奇心很强，他们就是现实版的“十万个为什么”，看见什么或者听见什么都会蹦出来一句：“这是为什么？”小孩子的脑袋里为什么有这么多的问题？

A 刘　丽：

人脑是一个强大的学习机器，启动这个机器的按钮就是人类的好奇心，这是与生俱来的。**我们人类没有尖牙利爪，不如野兽凶猛迅捷，但是我们最终成为万物之灵，靠的就是天生的好奇心和强大的学习力。**好奇心驱使我们去思考，去探究，去发现。所以，不要小看孩子提出的问题，这些因为好奇而产生的问题是孩子求知欲的表现。

脑科学研究表明，好奇心（内在的学习动机）会促进机体多

巴胺的分泌，多巴胺会让人感觉兴奋、开心，从而提升人脑奖赏系统[①]**的活动水平，进而提升学习和记忆的效果。**有趣的是，好奇心不仅会促进我们对所好奇内容的学习和记忆，还会促进我们对其学习过程中遇到的相关联的内容的学习和记忆。

Q 常　爸：

所以，家长学会保护孩子的好奇心就显得非常重要。

A 刘　丽：

是的。对于孩子提出的问题，家长要认真对待。首先要肯定孩子的提问，让孩子知道思考并提出问题是一件很棒的事情。其次，怎样回答孩子也很关键。如果家长知道问题的答案，可以告诉孩子事物的由来和运行原理，注意要以孩子能够理解的语言和方式来解释。比如，对于3~6岁的孩子，家长可以用图画、实物、视频等更为具象的方式去解释。如果家长不知道问题的答案，可以带着孩子一起寻找答案，现在的资源非常丰富，我们可以上网找资料、看书、实地考察、咨询亲戚朋友等，通过各种渠道帮助孩子寻求答案。

---

① 人脑的很多区域都存在对奖励进行反应的神经元，这些区域主要包括眶额、腹内侧前额叶、前扣带回以及腹侧基底神经节等，这些脑区组成的复杂的神经网络被称为人脑的奖赏系统。奖赏系统让我们追求愉悦、满足、兴奋的感觉，从而让我们做出趋利避害的行为，是进化赋予我们人脑的重要的生存机制。

家长切记不要用“别再问了，我说啥就是啥”或者“等你长大了就知道了，现在不用管这个问题”这些粗暴敷衍的方式去对待孩子的发问，这就相当于自己亲手关上了孩子求知欲的大门。

Q 常　爸：

有位家长跟我分享过她给孩子读绘本的一个小片段：孩子看到书上不管是大熊、狐狸还是小狗、小鸡，都画得差不多大小，孩子会质疑：“现实中熊和狐狸要大一些，小狗也应该比小鸡要大，但是书里画的不是这样。”看到小鸡竟然用爪子拿起了石头，孩子又会发问：“小鸡的爪子真的能拿起石头吗？”……诸如此类的问题虽然常常打断阅读的进程，但是会引发家长和孩子共同的思考。他们经常读完故事，就去翻科普书、找纪录片、观察实物图片，意见不统一的时候还会来一场“小辩论”。不管是家长还是孩子，都能从这样的好奇心中收获更多知识。

A 刘　丽：

是的，好奇心就是孩子学习的动力，孩子有好奇心就会去思考和探索，家长要做的就是保护好孩子的好奇心，引导孩子去探索。

孩子到底能不能赢在“起跑线”上？

Q 常　爸：

“让孩子赢在起跑线上”这句话让很多家长焦虑，于是很多家长对学龄前的孩子进行比较超前的教育：2 岁背古诗，3 岁学识字，4 岁学奥数……恨不得在 6 岁前就把孩子培养成超级天才。孩子真的能赢在“起跑线”上吗？

A 刘　丽：

回答这个问题之前，我先跟大家介绍一下苏联心理学家维果茨基提出的最近发展区（Zone of Proximal Development）理论。维果茨基把“最近发展区”界定在“儿童现有的独立解决问题的水平”和“通过成人或其他更有经验的同伴的帮助而能达到的潜在的发展水平”之间的区域。我用一幅图（图 8）来进一步谈谈最近发展区的问题。

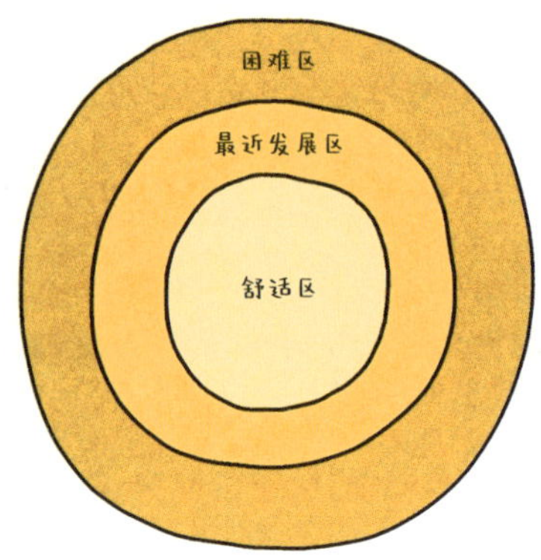

舒适区：学习者自己可以达到的发展区
最近发展区：学习者通过成人或其他更有经验的同伴帮助而能达到的发展区域
困难区：学习者即使在成人或其他更有经验的同伴的帮助下也难以达到的区域

图 8 “最近发展区”示意图

图中，最中心的区域就是儿童完全能够自行掌握，做起来游刃有余的区域。最外圈的区域是指儿童自己完全无法掌握的区域。在这两者之间的部分就是“最近发展区”，即如果孩子能得到成人或更有经验的同伴的帮助，就可以达到的发展区域。这个区域是孩子“跳一跳”就能够得着的区域。

说回我们的话题——“孩子真的能赢在起跑线上吗？”让孩子起跑时，要注意定位大区域。如果这个区域是家长帮一帮、孩子跳一跳也能够得着的“最近发展区”，这个起跑线是合适的；但是如果是孩子跳了也根本够不着的“困难区”，其实抢跑也是没有意义的，反而浪费了孩子宝贵的童年时光。从脑科学的观点来说，孩子的脑要发育到一定程度才能进行某一项工作。在孩子的脑发育还远不足以支撑某一方面的学习的时候，抢跑是没有意义的。

也有另外一种情况，就是孩子会花很多时间待在自己感到舒适的区域，而没有花太多时间去做有难度、有挑战的事情。这个时候，父母就应该及时干预，鼓励孩子去做有难度的事情，并帮助他分析和分解难题，施加一点压力的同时不完全撒手地帮助他，能让孩子更快更好地成长。

Q 常　爸：

有些家长的某些教育方式看似是揠苗助长，但是也是被这个时代特有的焦虑裹挟着前进的无奈之举。家长看到同在幼儿园上学的孩子已经会写汉字，会读拼音，能做 100 以内的加减法运算了，自己的孩子什么都不会，的确会感到担忧，担心孩子上小学以后可能会跟不上同龄人的节奏，对孩子也会是一种打击。

A 刘　丽：

每个年龄段的孩子该学习什么，家长应该参照孩子当前的心理和大脑发育的规律，尽量不要受外界干扰，耐心陪伴孩子成长。针对 3~6 岁学龄前这个阶段，我国教育部发布了《3~6 岁儿童学习与发展指南》(以下简称《指南》)，从健康、语言、社会、科学和艺术五个领域分年龄段、分层次地设立了发展标准，并给出了教育建议。

比如：孩子 3~4 岁时，就要具备基本的生活自理能力，在大人的帮助下能穿脱衣服或鞋袜，能将玩具和图书放回原处；4~5 岁，能自己穿脱衣服和鞋袜、扣纽扣，也能整理自己的物品；5~6 岁，能根据冷热自己增减衣服，会自己系鞋带，能按类别整理好自己的物品……

《指南》给出的教育建议也很详细，比如：鼓励孩子自己穿脱衣服和鞋袜，教给孩子自己洗手洗脸、擦鼻涕、擦屁股的正确方法，不要因为孩子做得不好或做得慢而包办代替……

很多家长问孩子在学龄前要达到怎样的学习水平，《指南》在孩子阅读和书写准备方面也给出了明确的发展目标和建议，3~6 岁这个阶段的孩子就是达到三个大目标：喜欢听故事，看图书；具有初步的阅读理解能力；具有书面表达（这里主要指的是写字画画）的愿望和初步技能。总之，这个《指南》是比较科学且全面的，值得家长们参考和借鉴。

最后，我想说所有孩子的童年时间都是有限的，你可能花了很多时间让孩子在某个方面抢到了一个特别靠前的位置，但是随着孩子长大，其他不足的方面也许会越来越明显，影响孩子的整体发展。有些孩子早慧，但不一定能赢在终点，这是很常见的现象。我建议在学龄前“打地基”的阶段，家长还是要扎实、全面地推进孩子的教育，如果地基打不好，楼是不可能盖得高的。

孩子如果有特殊天赋，需要上兴趣班重点培养吗？

Q 常　爸：

在孩子 3~6 岁这个年龄段，家长一般还不会给孩子安排太多学科知识的学习，而是想要挖掘和发现孩子的潜力：是爱看书还是爱跳舞？是唱歌比较好还是画画比较棒？……一旦发现孩子哪一方面有较为突出的天赋，家长可能下一步就会思考：要不要找个老师专门教一教孩子？是不是要报个兴趣班让孩子上？怎样做才能不耽误孩子呢？您觉得这个阶段，家长应该怎样看待孩子各方面的潜力和天赋？

A 刘　丽：

观察孩子的兴趣点，并帮助孩子发展优势，这是非常值得鼓励的行为，说明家长关注孩子的成长，是很负责任的监护人。

如果家长发现孩子有某方面的天赋，让孩子上个兴趣班或者专门找老师教一教孩子，为孩子的发展提供条件，我觉得是非常好的。但是一定要注意不能走极端，不能让“天赋的培养”成为幼儿生活的全部，或者占据绝大部分的生活。就像上一个问题中，我们已经讲过的，**3~6 岁这个阶段是为孩子一生打基础的阶段，“基础越扎实，楼才能盖得越高”。**所以，我的观点还是在幼儿阶段要给孩子提供丰富的活动，为脑的发育提供丰富多样的刺激，促进孩子脑神经系统的全面发育，给孩子未来的人生多种可能性，而不是过早地就把很多条路给封上。

其实就算是一个魔方，真正玩得好的人，你会发现他需要多方面的能力，比如空间观察、空间记忆、口诀背诵、精细动作以及情绪控制等综合能力——做任何事情，绝不是一种单一能力的展示，而是一个人全面能力的体现。所以，我个人认为，在幼儿阶段，家长要淡定看待孩子某方面的天赋，在帮助孩子发展天赋的同时，也要注重其他方面的能力发展。**综合能力往往是孩子未来发展高度的决定性因素。**

Q 常　爸：

在社会大环境的影响下，我们这一代父母多多少少有间歇性的“养育焦虑”，总希望孩子一直有进步，在人群中拔尖，但是培养孩子不是百米冲刺，而是一场马拉松。如果发现孩子在某方面具有先天优势，我们不能因此给孩子施压，要求他一定要在这方面“夺冠”，我们应该做的是给他提供机会去继续深入练习，

同时，我们依然要鼓励他参加更多的活动，使其能力得到多方面的发展。如果暂时还看不出孩子具有某方面突出的能力，那我们要细水长流地关注孩子，坚持不懈地去培养孩子，慢慢地发现孩子身上的闪光点。

母语对孩子的发展有多重要？

Q 常　爸：

前面我们提到，现在有一些家长很重视从小培养孩子学习二语，会针对性地教孩子或者报相应的兴趣班。而对于孩子母语的发展，大家倒是没有那么担忧，可能是觉得孩子每天都浸润在母语环境下，早晚都能学好母语，不用特意关注。其实，母语学习也是需要启蒙的。

A 刘　丽：

母语学习是需要启蒙的，我与您的看法相同。因为**母语不仅是一种能起到沟通交流功能的语言，还是孩子发展社会性、掌握学习能力、发展思维能力的重要媒介，**而二语很难起到这些作用。目前如果是在国内的环境下学习二语，大多数孩子是接触不到真实、丰富的二语环境的，即使是高知家庭，其家庭语言也往往是母语。在这种情况下，学习二语难以起到全面发展孩子学习能力和思维能力的作用，也难以促进孩子的社会性发展。就是说，二语只能起到一门语言的作用，其作用主要是作为孩子未来打开和了解世界的一个窗口。母语才是孩子每天都要使用，学习、生活都离不开的重要工具，母语在促进孩子的整体发展中，起到不可替代的核心作用。

也有人说，学习一门语言的同时也会学习一种思维方式，因而学习一门外语就相当于学习了另外一种思维方式。对此，我不反对，但这需要二语达到较高的熟练水平。绝大多数情况下，二语学习在促进儿童思维发展方面的作用与母语不可相提并论。可以说母语学习是根本。

Q 常　爸：

可是，很多人普遍认为“母语还用启蒙吗？我们做父母的，每天都在用母语跟孩子交流，孩子所处的环境也是母语环境，除此之外，我们每天也会带孩子进行亲子阅读、看书学习，体验多样的生活，还需要做什么样的启蒙呢？”

A 刘　丽：

如果家长能做到您所说的坚持亲子阅读、看书学习、体验生活，那么母语启蒙就足够了。但是，很多家庭实际上很难做到这些。比如，有些孩子的爸爸妈妈不在身边，照看人是老年人，他们或者精力不足，或者文化水平不高，或者性格沉默寡言，不善与人沟通，甚至可能并没有意识到母语的学习对孩子的重要性，只能做到生活照料和简单的日常沟通。

还有的家长认为阅读是孩子上小学后才需要做的事情，并没有家庭阅读习惯，所以对早期亲子阅读没有意识或者重视不够。还有些家庭虽然意识到亲子阅读的重要性，但缺乏科学的方法。比如亲子阅读读什么？怎么读？对于这些家庭的孩子而言，母语的启蒙仍然是需要的。

有一项关于语言的研究，它所研究的是孩子与他人交流的话轮体验，就是孩子和他人说话的时候，你说一句，我说一句，转换的轮次越多，孩子的语言理解的相关脑区发育得就越好。

如果负责照顾孩子的长辈知道这比吃核桃更能让孩子变得聪明，他们一定会加强对孩子语言方面的启蒙。所以说，现阶段家庭对孩子的母语启蒙并没有做得那么到位，只能说，孩子处在母语的环境下，能够自然而然地学会口语而已。

Q 常　爸：

有没有标准可以让家长去对照衡量，看看自己的孩子语言有没有发展得很好？

A 刘　丽：

教育部发布的《3~6 岁儿童学习与发展指南》（以下简称《指

南》）就是很好的参照标准（见表 3、表 4）。3~6 岁这个年龄阶段，孩子的母语能力可以分为两个方面：倾听与表达、阅读与书写准备。大家可以看看自己的孩子有没有达到所处年龄段的这些目标，如果做到了，就稳步推进，继续现在的教育方式进行母语启蒙；如果没有做到，可以参考《指南》中的教育建议加强在对孩子母语的教育。

表 3《3~6 岁儿童学习与发展指南》中“倾听与表达”需要达到的三个目标

目标	年龄	内容
目标1 认真听并能听懂常用语言	3~4岁	1．别人对自己说话时能注意听并做出回应。 2．能听懂日常会话。
	4~5岁	1．在群体中能有意识地听与自己有关的信息。 2．能结合情境感受到不同语气、语调所表达的不同意思。 3．方言地区和少数民族幼儿能基本听懂普通话。
	5~6岁	1．在集体中能注意听老师或其他人讲话。 2．听不懂或有疑问时能主动提问。 3．能结合情境理解一些表示因果、假设等相对复杂的句子。
目标2 愿意讲话并能清楚地表达	3~4岁	1．愿意在熟悉的人面前说话，能大方地与人打招呼。 2．基本会说本民族或本地区的语言。 3．愿意表达自己的需要和想法，必要时能配以手势动作。 4．能口齿清楚地说儿歌、童谣或复述简短的故事。
	4~5岁	1．愿意与他人交谈，喜欢谈论自己感兴趣的话题。 2．会说本民族或本地区的语言，基本会说普通话。少数民族聚居地区幼儿会用普通话进行日常会话。 3．能基本完整地讲述自己的所见所闻和经历的事情。 4．讲述比较连贯。

（接上表）

目标2 愿意讲话并能清楚地表达	5~6岁	1．愿意与他人讨论问题，敢在众人面前说话。 2．会说本民族或本地区的语言和普通话，发音正确清晰。少数民族聚居地区幼儿基本会说普通话。 3．能有序、连贯、清楚地讲述一件事情。 4．讲述时能使用常见的形容词、同义词等，语言比较生动。
目标3 具有文明的语言习惯	3~4岁	1．与别人讲话时知道眼睛要看着对方。 2．说话自然，声音大小适中。 3．能在成人的提醒下使用恰当的礼貌用语。
	4~5岁	1．别人对自己讲话时能回应。 2．能根据场合调节自己说话声音的大小。 3．能主动使用礼貌用语，不说脏话、粗话。
	5~6岁	1．别人讲话时能积极主动地回应。 2．能根据谈话对象和需要，调整说话的语气。 3．懂得按次序轮流讲话，不随意打断别人。 4．能依据所处情境使用恰当的语言。如在别人难过时会用恰当的语言表示安慰。

表4《3~6岁儿童学习与发展指南》中“阅读与书写准备”需要达到的三个目标

目标1 喜欢听故事，看图书	3~4岁	1．主动要求成人讲故事、读图书。 2．喜欢跟读韵律感强的儿歌、童谣。 3．爱护图书，不乱撕、乱扔。
	4~5岁	1．反复看自己喜欢的图书。 2．喜欢把听过的故事或看过的图书讲给别人听。 3．对生活中常见的标识、符号感兴趣，知道它们表示一定的意义。
	5~6岁	1．专注地阅读图书。 2．喜欢与他人一起谈论图书和故事的有关内容。 3．对图书和生活情境中的文字符号感兴趣，知道文字表示一定的意义。

（接上表）

目标2 具有初步的阅读理解能力	3~4岁	1．能听懂短小的儿歌或故事。 2．会看画面，能根据画面说出图中有什么，发生了什么事等。 3．能理解图书上的文字是和画面对应的，是用来表达画面意义的。
	4~5岁	1．能大体讲出所听故事的主要内容。 2．能根据连续画面提供的信息，大致说出故事的情节。 3．能随着作品的展开产生喜悦、担忧等相应的情绪反应，体会作品所表达的情绪情感。
	5~6岁	1．能说出所阅读的幼儿文学作品的主要内容。 2．能根据故事的部分情节或图书画面的线索猜想故事情节的发展，或续编、创编故事。 3．对看过的图书、听过的故事能说出自己的看法。 4．能初步感受文学语言的美。
目标3 具有书面表达的愿望和初步技能	3~4岁	1．喜欢用涂涂画画表达一定的意思。
	4~5岁	1．愿意用图画和符号表达自己的愿望和想法。 2．在成人提醒下，写写画画时姿势正确。
	5~6岁	1．愿意用图画和符号表现事物或故事。 2．会正确书写自己的名字。 3．写画时姿势正确。

亲子阅读对孩子的发展到底有哪些好处？

Q 常　爸：

现在，亲子阅读已经被大部分家长认可和推崇。在孩子3~6岁，甚至更小的时候，很多家长都会花精力陪孩子读书，帮助孩子养成良好的阅读习惯。请您从脑科学的角度来谈一谈：为什么要提倡亲子阅读？亲子阅读对孩子的发展有哪些好处呢？

A 刘　丽：

亲子阅读的好处非常多，对孩子的整体长远发展具有重要作用。下面我简单介绍一下亲子阅读的主要好处。

第一，亲子阅读可以扩大孩子的词汇量，发展孩子的语言理解和表达能力。

我们和3~6岁孩子的交流基本上都是与日常生活相关的内容，而孩子在阅读中接触的书面语词汇通常超出日常交流的范围，并且更加规范，能给孩子带来全新的语言感受，同时扩大孩子的词汇量。在阅读过程中，遇到不理解的词汇或句子，孩子可以及时向父母发问，寻求答案，孩子的语言理解能力将逐渐提高。在听家长读书、与家长讨论书本内容、家长提问——孩子回应以及孩子提问——家长回应的交流过程中，孩子的思维和语言表达能力会得到极大的发展，这对孩子的成长能产生重大影响。

第二，亲子阅读可以帮助孩子积累阅读经验，发展前阅读技能，为孩子后期的自主阅读打下基础。

说到这里，我想通过把阅读学习与口语学习进行对比，来说明儿童阅读习得的问题。

著名语言学家乔姆斯基认为人类的婴儿具备先天的口语获得装置，也就是说婴儿的脑为学习口语准备好了相应的神经基础。语言学家史蒂芬·平克进一步延伸了乔姆斯基的观点，认为口语是一种本能。所谓本能，就是人生来就会的技能，当然，语言本能的出现也需要恰当、适宜的语言环境刺激。

而相比口语，文字的历史非常短暂，人脑还不足以发展出先天的阅读神经基础。所以阅读的学习是更难的，需要后天的大量练习，需要积累大量的阅读经验。

亲子阅读就是孩子积累阅读经验的重要过程。通过阅读，孩子可以积累知识，发展分析力和理解力，发展语音意识、文字意识等前阅读能力。这些前阅读能力是孩子后期自主阅读能力发展的基础。

第三，亲子阅读有助于孩子学习能力的发展。

国内外对亲子阅读的大量追踪研究发现，早期亲子阅读的频率和时长与孩子长大之后的整体学业成就存在显著的正相关，就是亲子阅读进行得越多越早，孩子的各科学业成绩就更有可能越优异。可以说，阅读力决定了学习力。

第四，亲子阅读有助于建立健康亲密的亲子关系。

亲子关系是孩子最早建立的人际关系，对孩子毕生的发展具有深远影响。健康亲密的亲子关系是幼儿健康成长的重要保障。而亲子阅读是一种高质量的陪伴方式，也是一段温馨的亲子时光，家长长期坚持有助于建立健康亲密的亲子关系。

第五，亲子阅读有助于孩子的脑发育。

国外最近的研究表明，亲子阅读（特别是高质量的对话式的亲子阅读）有助于幼儿脑的发育，特别是颞极（参与语义整合）、额下回三角部（参与语言表达）、脑岛（参与社会情绪加工）、额极（参与工作记忆）等区域的发育（四个区域的位置如图 9 所示）。

Q 常　爸：

而且阅读对孩子的影响会随着其“阅龄”的增长越来越大。早在几十年前，研究阅读的美国学者就提出了阅读中的“马太效应”。马太效应指的就是富者更富，穷者更穷的现象，或者说强者更强，弱者更弱。这句话也适用于阅读，研究发现，孩子的

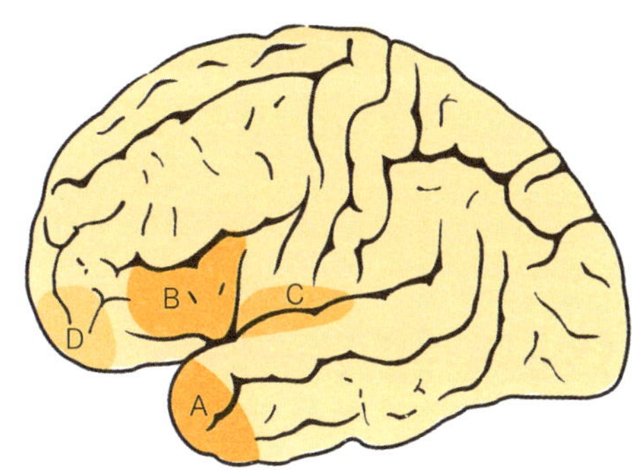

图 9　脑区位置示意图（其中脑岛是大脑内侧的结构，在 C 区域的下面）。

阅读水平会随着时间的推移拉大差距。读得多的孩子，阅读理解能力越强，理解能力越强，他就会读得越来越多，这是个正向循环；而读得少的孩子，与读得多的孩子的阅读理解能力的差距就会越来越大，他们赶不上同龄人，就变得没有自信，读的书就越来越少，这是一个负向循环。所以，家长们一定要重视亲子阅读以及孩了的自主阅读，为孩子整体的长远发展稳稳地打下良好的基础。

该不该提前教孩子识字和写字？

Q 常　爸：

“要不要让孩子在上小学前识字、写字？”一直以来都是家长们热议的话题。有的家长认为识字很重要，如果孩子在上小学前没有识字，那么他入学后一个字都不认识，压力会很大，而且会影响到很多科目的学习；有的家长则认为孩子在上小学前的宝贵时光就应该好好玩，等到他上学后好好学习就可以了。到底应不应该提前教孩子识字和写字呢？

A 刘　丽：

识字很重要，是儿童进入自主阅读的第一道门槛，所以孩子在上小学前是应该有一些汉字储备的，但识字的方式不应该是要孩子正襟危坐地在书桌前学习汉字。**我们提倡通过早期阅读识字和在文字环境中识字的方法。其实相比识字，更重要的**

是为儿童读写能力的萌芽奠定相关的技能基础，比如：文字意识、故事讲述的能力等。

早在20世纪七八十年代，美国的一些心理学家就提出了“读写萌芽”（Emergent Literacy）这个术语。他们认为读写能力不是6~7岁儿童到了入学的那一天才突然出现的，这项能力的获得是一个连续的发展过程，在现代社会，甚至1~2岁的儿童就已经开始了非正式的读写学习。

孩子不是通过“学写汉字”这件事情才开始学习文字的，他们早期文字经验的主要来源是“环境中的文字”，比如日常生活中四处可见的商标Logo、各种商品包装上的文字标志；有的家庭注重早期阅读，孩子在开始正规学习之前就已经接触并积累了大量的书面语词汇。这些都是在为孩子后期的识字打基础。所以**我们不强调要让学前的孩子去识字，而是要强调阅读。在学前阶段，识字可以作为一种伴随学习，就是孩子在阅读的时候顺便识字。我们反对让学前的孩子孤立地识字。**识字要为阅读铺路，阅读的目的不是识字。

国内学者的研究发现，幼儿很早就积累了汉字各方面的知识。比如，幼儿在4岁的时候就能够区分正确的和倒置的汉字；5岁的时候就能够敏感地觉察出笔画的特征，能够意识到结构位置等。

所以家长完全没必要对儿童早期识字报以戒心，认为是“揠苗助长”，如果孩子对识字感兴趣，更是没必要阻拦。这一切的前提是以科学的方式去识字，而不是让孩子机械地记忆和书写。

Q 常　爸：

是的，谈到识字，大家更多想到的可能是让孩子一个一个地去识记汉字，但这样的方法既枯燥又低效，而且很难应用在阅读中。这样就会出现孩子认得单个汉字，但是把字放在词语里或句子中，孩子就不认识的现象。识字的学习还是需要在阅读中进行，这种方式看似慢，却是能让孩子长久识记汉字的好方法，而且还能够让孩子养成爱阅读的习惯。

A 刘　丽：

对，学前阅读要讲究阅读的方式。最开始是家长读给孩子听；再过渡到家长和孩子分别读部分内容，共同读完一本书；到后来逐渐过渡到让孩子自主阅读。自主阅读的时候，孩子也许并不认识全部的字，但是认识了一些汉字之后，孩子连蒙带猜也能读得懂，那就可以了，家长千万不要过度追求让孩子认识每个字。家长一定要清楚，识字的目的是阅读。在学龄前，孩子能够爱上阅读，那就是成功。到孩子能够自主阅读的时候，家长也可以让孩子适当朗读，帮助孩子建立文字与读音之间的联系，也就是家长关心的识字的问题。

Q 常　爸：

刚才我们谈了识字，有些家长也许还有该不该教学前孩子写字的困惑。

A 刘　丽：

写字的问题其实与识字有共通之处。同识字一样，写字能力也不是孩子上了小学就突然有的，而是有一个逐渐发展的过程。所以，我也提倡孩子上小学前应该做好“书写准备”。什么是书写准备呢？也就是说孩子可以不会写字，但最好有丰富的写写画画的经验，知道可以通过写写画画来表达一些事物或内容。从这个意义上来讲，涂鸦、绘画都是在为书写做准备。

此外，大班幼儿还要学会正确的握笔姿势。关于这个问题，教育部发布的《幼儿园入学准备教育指导要点》中强调：“保护幼儿的前书写兴趣。”“做好必要的书写准备。”“幼儿有自发书写行为时，可以示范正确的书写姿势”。

小时候背诵的东西属于“童子功”，不容易忘记？

常　爸：

有人说，孩子小时候背诵的东西是“童子功”，不容易忘记，但是我发现我家孩子的“童子功”好像不怎么扎实，三四岁的时候他会背《千字文》全篇，过了一两年再问他，他仿佛从来没有读过，更别提背诵全文了……

刘　丽：

我们反过来想一想，有什么东西是孩子记得非常牢固的呢？

常　爸：

十二生肖的顺序表他倒是背得非常熟练。可能是每年过年的时候他都会背一背，对照一下到了什么年。还有一些他比较喜欢

的唐诗宋词，我们制作成了“常青藤爸爸国学儿歌”，他像其他小朋友一样，经常一边弹琴一边唱，所以也没有忘记。

A 刘　丽：

对。**学习是神经元突触之间建立联结的过程，重复可以让突触之间的联结更稳固。对于这种纯记忆性的内容，多次重复是非常重要的，**过一段时间复习一下、巩固一下，就能保持常记常新。孩子之所以忘记了《千字文》，可能就是因为没有经常拿出来背。还有一个重要原因，可能是《千字文》的内容对孩子来说是比较难理解的，他小时候只是一字一句地背了下来，但是他理解不了其中的含义，那他就用不上，也联想不到相关的东西，那就会很快忘记。

我们的学习往往是建立在旧有的基础之上的，就是我们每学习一个新的东西，都会试图跟原来“存储”起来的东西联系起来，旧的知识也因此会被一次次激活，这个激活过程就起到了多次重复的作用，即旧的知识被用到的次数越多，就越不容易被忘记。孩子小的时候背诵的东西就相当于一个基础，他每次学习新知识的时候，又会联想到以前背诵过的东西，相当于又进行了一遍重复学习，所以给我们的印象就是“童子功，不容易被忘记”。

Q 常　爸：

所以，就单纯的背诵这件事情来说，多次复习，让知识点用

得上，才是家长更加应该关注的焦点。

A 刘 丽：

是的，这正是我想强调的。朗读和背诵对于孩子学习语言都是很重要的，但读什么、背什么对孩子的发展更有利，应当慎重考虑。当前的国学热激发了很多家长让孩子背诵古文的热情，但是古文跟现代文有很大区别，孩子们很难理解古文的内容。即使孩子当时背下来了，之后如果不复习，也会很快忘记。所以除了简短的古诗词外，我个人不提倡让 3~6 岁的孩子背诵太复杂、冗长的古文。当然，入小学后，提高孩子的传统文化素养还是很重要的。

从语言发展的角度来看，儿歌、童谣更适合这个年龄段的孩子背诵，简短的古诗词节奏韵律感较强，读起来朗朗上口，也适合这个年龄阶段的孩子背诵。

本章小结

◆ 我们人类没有尖牙利爪，不如野兽凶猛迅捷，但是我们最终成为万物之灵，靠的就是天生的好奇心和强大的学习力。好奇心能够提升人脑奖赏系统的活动水平，进而提升学习和记忆的效果。

◆ 孩子的脑要发育到一定程度才能进行某一项工作，在孩子的脑发育还远不足以支撑某一方面的学习的时候，抢跑是没有意义的。

◆ 在幼儿阶段，家长要淡定看待孩子某方面的天赋，在帮助孩子发展天赋的同时，也要注重其他方面的能力发展。综合能力往往是孩子未来发展高度的决定性因素。

◆ 母语的启蒙比二语的启蒙更为重要。母语不仅是一种能起到沟通交流功能的语言，还是孩子发展社会性、掌握学习能力、发展思维能力的重要媒介，而在大多数情况下，二语在这些方面的作用难以与母语相提并论。

- 亲子阅读不仅对孩子的语言发展有好处，对于孩子学习能力的发展和脑发育都有促进作用。

- 研究发现，孩子的阅读水平会随着时间的推移拉大差距。读得多的孩子，阅读理解能力越强，理解能力越强，他就会读得越来越多，这是个正向循环；而读得少的孩子，与读得多的孩子的阅读理解能力的差距就会越来越大，他们赶不上同龄人，就变得没有自信，读的书就越来越少，这是一个负向循环。

- 我们提倡通过早期阅读识字和在文字环境中识字的方法。其实相比识字，更重要的是为儿童读写能力的萌芽奠定相关的技能基础，比如：文字意识、故事讲述的能力等。

- 对于十二生肖顺序表、唐诗、宋词这样纯记忆性的内容，多次重复是非常重要的。学习是神经元突触之间建立联结的过程，重复可以让突触之间的联结更稳固。

第十章
脑与早期人际交往

3~6 岁是孩子社会性和性格培养的重要阶段。家长对孩子，要做到“不溺爱”“不暴躁”“多鼓励”，为孩子创设温馨的人际环境。孩子为人处事的能力和方式，一般都源于家庭的耳濡目染，所以家长的言传身教很重要。

孩子不喜欢和小伙伴一起玩怎么办？

Q 常　爸：

“常青藤爸爸”的不少用户在后台给我们留言说孩子不爱说话、不懂社交，这些家长看着别家的孩子在一起玩得特别开心，心里可真不是滋味。自己孩子偶尔和小朋友在一起玩，还爱发脾气，最后弄得大家不欢而散。那么，请您来谈一谈：孩子不喜欢和小伙伴一起玩，家长该怎么办呢？

A 刘　丽：

每个孩子都是不同的。有的孩子喜欢社交，有的孩子不喜欢社交，而喜欢独自玩耍和探索，很大一部分原因是个性使然。其实孩子独自玩耍的能力也非常重要，绝大多数情况下，家长不必太过担心。

家长需要判断的是，自己的孩子在同伴交往行为方面是否明显异于同龄儿童（比如，孩子与同伴交往时，是否缺乏眼神对视；与同伴对话时，是否分不清你、我、他），还是他只是个性偏内向、害羞，社交经验和技能不足。如果是前者，家长需要及时带孩子到专业的发育行为科做筛查，看看孩子是否存在自闭的倾向和风险。绝大多数孩子，往往是后者，这个时候家长就需要有针对性地帮助孩子发展社交技能。

心理学家帕顿从社会性发展的角度将儿童游戏分为六个类型：**无所事事、独自玩耍、旁观游戏、平行游戏、联合游戏以及合作游戏。**

◆“无所事事”指的是儿童没有参与或没有积极地与他人玩耍，他们可能保持安静或没有任何目的地进行随机运动。比如，孩子可能漫无目的地在教室里来回走动，四处张望。

◆“独自玩耍”顾名思义，就是儿童经常会独自玩耍，他们对周围的人在做什么不感兴趣或毫不知情。比如，孩子专注地涂鸦，一点儿也不关心周围人的活动，也不会参与到别人的游戏中去。这种类型的游戏也很重要，因为它能教会孩子如何自娱自乐。

◆“旁观游戏”就是儿童会观察别人玩耍但不参与其中。比如，一个孩子可能会安静地看着另一个孩子用积木搭房子，但是他只是站着看，不会参与到其中。

◆“平行游戏”即儿童看似在一起玩耍，但并没有互动。比如，两个孩子都在搭积木，一个在根据积木颜色交替搭建，一个在搭建机器人，他们彼此享受自己的游戏，各玩各的，互不干扰。

◆“联合游戏”是指儿童开始一起玩耍，但不会专注于一个共同的目标。很明显的是，孩子会变得更喜欢和其他孩子一起玩，而不是和玩具一起玩，也会相互交流和分享玩具。

◆“合作游戏”是儿童开始进行有组织、有团队合作的活动。这个时候孩子既对一起玩的人感兴趣，也对正在进行的活动感兴趣。这个小团队的形式是一个领导者，以及其他分配的角色，共同完成团队目标或特定任务。合作游戏是一个孩子社交能力发展的高潮，它将孩子在所有类型的游戏中学到的技能汇集到一起，为孩子创造了社交和群体互动的情境。

儿童的游戏往往是从“无所事事”开始，经过几个阶段后，最后发展到合作游戏。但是年长的儿童会出现以上六种游戏的表现，后面的类型并不完全取代前面的类型。在游戏过程中孩子慢慢变得善于交流和合作，更加社会化。我们可以看出，除了“联合游戏”和“合作游戏”，其他四种游戏都还是无参与或者无同伴交往的活动，这些游戏类型也是儿童很重要的游戏形式。“联合游戏”和“合作游戏”是在其他游戏的基础上逐渐增多的。

Q 常　爸：

很多家长看到这里，心里可能有了一个大概的结论：孩子游戏的能力也是逐渐发展的。我记得我家孩子小时候和邻居家的小

孩玩一个“运垃圾”的游戏时，两个人就是一句话都不说，但是心照不宣地把沙子、小石头放进玩具卡车的车厢，装满就倒掉，然后两人接着装车。他们当时就应该是处在“平行游戏”的阶段。

A 刘 丽：

对，**孩子游戏的能力也是逐渐发展的，家长不要急于求成。**合作游戏需要孩子的心理发展到一定阶段，也就是说要到孩子能够理解自己和别人的意图的时候才能够进行。这种对自己和别人的心理状态的理解，心理学上称之为“心理理论”。

脑科学研究表明，心理理论的能力主要与颞顶联合区、内侧前额叶和颞上沟的后部有关，而这几个脑区都是在个体发育过程中成熟得比较晚的高级联合皮层。**家长要做的就是要给孩子创设有同龄人的环境，孩子会通过“旁观”“模仿”别的儿童，从而习得游戏规则，学会同伴交往方式，然后融入与别的孩子的“联合游戏”或“合作游戏”中去。**

脑科学的研究还表明，有的孩子社会性发展得早一些，可能很快就会达到能很好地与人交流、沟通和合作的程度；有的孩子发展得晚一些，或者生活中发生了搬家、转学等变化，缺乏同龄的朋友，那么他的社交能力也许会短时间弱一些。绝大多数情况下这些都不是大问题，家长需要多带孩子参加集体活动，多邀请孩子的朋友到家里，或者多带孩子出去玩，让孩子多和其他人接触，总是有益处的。

Q 常 爸：

是的，以上阶段性的游戏特征是对孩子社交技能的一般指导。家长要记住，每个孩子都是不同的，即使别人家的孩子发展得快一些，自己的孩子稍微慢一些，我们也不用过于焦虑，应该多为孩子创造与同伴相处的机会，鼓励孩子多和同伴玩耍。

当然，还有一些特殊情况，比如，孩子如果患有自闭症，也会出现社交障碍，如果家长有所顾虑，请咨询相关医疗机构（更多关于自闭症的内容，请参见第五章）。

A 刘 丽：

是的，家长还是要根据自己孩子的具体表现来判断。总体来说，关于孩子的社交能力发展，我对家长的建议是：

第一，我们要接受孩子的个体差异，要引导但不要逼迫那些喜欢独处的孩子去社交；

第二，我们要接受孩子发展水平的个体差异，如果孩子发展得有一点儿慢，不要过于着急，要想办法有针对性地帮助孩子；

第三，观察孩子的社交行为，为孩子创造社交机会，教孩子社交的基本礼仪和方法；

第四，如果孩子有异常的社交行为，需要警惕社交障碍的风险，及时带孩子就医。

幼儿园的小朋友爱打人是怎么回事?

Q 常　爸:

我们曾经收集过一些关于育儿烦恼的问题，发现在 200 多条问题中，有近 20 条都是和“孩子打人”有关的，这几乎占到了总问题量的十分之一！可见，这个问题确实困扰着不少父母。孩子有打人的习惯，家长应该如何正确引导呢?

A 刘　丽:

其实幼儿园阶段的孩子打人行为的背后有很多原因，并不仅仅是发泄生气、愤怒的情绪，家长也不要轻易给孩子贴上“小霸王”的标签。有些时候孩子打人可能是想要获得关注，特别是在孩子的语言表达能力还不够强，同伴交往经验还不足的时候。

学龄前的孩子在想得到别人关注的时候，也会尝试用不同的方式去实现自己的目的。当孩子发现如果自己可以用“打”

这个行为得到别人关注的时候，他就会很频繁地使用这个行为，其实他的目的并不是为了发泄情绪，而是为了得到别人的关注。还有的孩子语言表达能力不足，急着想表达又表达不出来，但又想引起别人的注意，那他首先想到的办法就可能是打人。

要想打破这个闭环，家长要教会孩子用语言表达自己的需求，比如，如果孩子想要玩别人的玩具，教孩子不能直接伸手去拿，而是先问一下“我能玩一下你的玩具吗？”或者教孩子拿自己的玩具去换别人的玩具玩。**家长要教会孩子用语言提要求，教会孩子分享的技巧，这样孩子用“打人”来达到目的的频率就会降低。**其次，家长不要过度关注孩子打人的行为，以免强化孩子打人行为的神经环路。这样，孩子就得不到预想的“通过打人行为得到关注”了，于是慢慢地，“打”的行为频率就会下降。

Q 常　爸：

所以，还是需要家长耐心教导和引导孩子。那么，有没有另一种情况，就是家庭里有人爱动手打人，所以孩子受环境影响，也爱打人呢？

A 刘　丽：

这也是我想说的另一种情况，就是有的孩子受到家庭环境的影响，比如身边的亲人习惯用暴力的方式解决问题，孩子耳濡目染，久而久之也学会了这种行为方式。

Q 常　爸：

所以说，一个孩子出了问题，可能不是孩子有问题，而是家庭出了问题。温暖的家庭环境和良好的亲子互动对孩子学习如何进行人际交往非常非常关键！关于“打人”这个话题，有一本绘本叫作《小手不是用来打人的》，是不少美国幼儿园的常备绘本，可以用来引导孩子不要打人，推荐大家带着孩子一起阅读。

孩子遇到不顺心的事情，总是情绪失控该怎么办？

Q 常　爸：

很多家长苦恼于孩子总是爱发脾气，比如：找不到某个玩具要哭，玩游戏输了要闹，需求得不到满足的时候还会满地打滚。总之，孩子遇到一点儿不开心的事情就乱发脾气。请您从脑科学的角度来谈一谈，这样的孩子，家长该怎样教育引导呢？

A 刘　丽：

先让我们想一想，当遇到不顺心的事情，我们成年人是怎样处理的：

“说好的要一起去看电影，朋友却放我鸽子，我真的很生气！不过想想，临时加班也不是他自己能决定的，这次就算了吧。”

“孩子这次考试排名竟然落后了 10 个名次，真是太让我失望了。不过，仔细看看语文考试题目，发现‘拖后腿’的都是默写古诗的题目，嗯，没关系，趁机让孩子把古诗再巩固一下。”

…………

作为成年人，我们遇到不顺心的事情时，也会有各种各样的负面情绪，但是我们知道处理情绪问题的时候，哭闹或者过激的行为都无济于事，所以我们会进行理性的思考。那孩子为什么不能进行理性思考呢？

我们前面已经提过了，因为孩子的大脑发育尚不完善，大脑负责理性思考和决策的额叶区域发育还不成熟，他们难以用理智去战胜和消化自己的情绪，所以表现出来的行为就是乱发脾气和无端哭闹。当孩子出现这些情绪的时候，我们要教他学会面对和处理情绪的方式。

首先，家长要引导孩子认识自己目前所处的情绪状态，是伤心、生气还是愤怒？孩子说出自己的情绪后，爸爸妈妈要表示认同；然后，家长要引导孩子分析情绪，倾听孩子的想法并予以共情和回应；最后，家长帮助孩子寻找正确表达自己的需求以及疏导情绪的方法。

Q 常　爸：

有个动画电影叫《头脑特工队》，影片把人类的五种主要情绪——快乐、悲伤、恐惧、厌恶和愤怒以动画形象的形式表现出来。开心的时候，有一个叫“乐乐”的小人会跳出来；悲伤的时候，“忧忧”小人会慢慢占据大脑；讨厌某个东西的时候，“厌

厌”小人会闪亮登场；害怕的时候，“怕怕”小人偷偷摸摸地走了出来；感到非常愤怒的时候，“怒怒”小人在头脑里上蹿下跳。对于稍大一些的孩子，家长可以带他看看这部影片，具象地为孩子讲解情绪到底是什么，让他明白自己在某些情况下所处的情绪是什么。

A 刘　丽：

对，家长可以带着孩子去看看这部电影。**让孩子描述和了解情绪的这个过程，在一定程度上就已经缓解了孩子的情绪问题，能让他冷静下来。所以，让孩子识别情绪是第一步。**

第二步是带孩子远离情绪源。在孩子哭闹严重的时候，让孩子暂时远离引起他哭闹的事物特别重要。

第三步是接纳孩子的情绪。有的家长受不了孩子哭。其实，哭很正常，也很重要。很多孩子都有完美主义的倾向，但是这个世界上很多事情都是不完美的，让孩子接受这个事实需要一个过程。在这个过程中孩子可能会遭受挫折，感到失落，但这对孩子来说也是成长的必经之路。孩子如果想哭，我们就平静地陪一陪他，让他暂时释放自己的情绪。

最后，具体问题具体分析，家长跟孩子一起寻找解决方法。

本章小结

◆ 游戏的能力是逐渐发展的，家长不要急于求成。要给孩子创设有同龄人的环境，孩子会通过“旁观”“模仿”别的儿童，从而习得游戏规则，学会同伴交往方式，然后融入与别的孩子的“联合游戏”或“合作游戏”中去。

◆ 家长要教会孩子用语言提要求，教会孩子分享的技巧，这样孩子用“打人”来达到目的的频率就会降低。

◆ 幼儿的大脑发育尚不完善，大脑负责理性思考和决策的额叶区域发育还不成熟，他们难以用理智去战胜和消化自己的情绪，所以表现出来的行为就是乱发脾气和无端哭闹。

◆ 应对情绪失控的幼儿有以下几个关键步骤：一，让孩子描述和识别自己的情绪。二，带孩子远离情绪源。三，接纳孩子的情绪。四，与孩子一起寻找解决问题的办法。

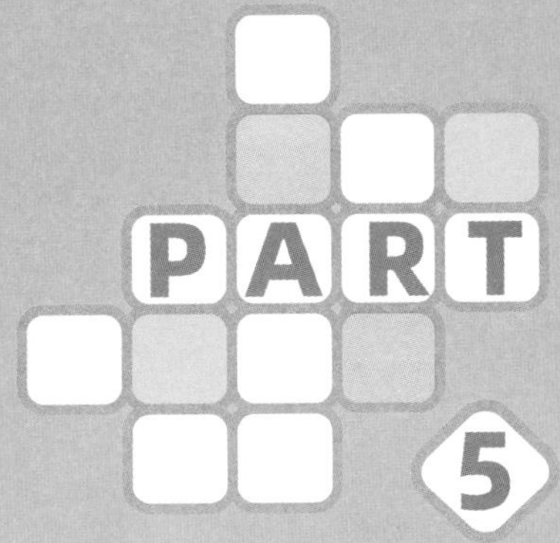

6~12 岁儿童的脑发育

特征一：6~12 岁是学习塑造脑和促进脑发育的阶段，是发展孩子智能的良好时机。

特征二：经过训练和学习的脑会明显有别于“原生态”的脑，人的各项能力也会因此得到发展。

特征三：孩子进入青春期后，脑发育迎来另一个高峰。脑在这个阶段会经历生长、重组的巨大变化。青春期的脑发育，给孩子们提供了一个掌握复杂技能的最佳时机。

第十一章

脑与学龄期学习

6~12 岁，对于孩子来说，是培养学习能力和养成良好学习习惯的关键时期。孩子的观察力、注意力、记忆力、想象力、逻辑思维能力等，都可以在这个时期通过培养而得到提升。

各方面智能齐头并进发展，还是专注发掘、发展特长智能？

Q 常　爸：

孩子上小学以后，学习正式“荣升”为孩子生活的一部分，家长也可以顺理成章地配合学校给孩子安排各门功课的任务了。这个时候，很多家长就会发现，孩子的时间不够用了，幼儿园阶段孩子可能每周要上钢琴、舞蹈和画画三个兴趣班，现在只能上一个了，有时候甚至连练习的时间都没有。

不少家长知道“多元智力理论”，了解到孩子的智能是多元的。但很多家长比较困惑的是：应该让孩子的每一种智能都去发展一点，还是把优势学科或智能专门发展一下呢？从脑科学的角度来看，您认为在小学这个阶段，孩子是全面发展好还是专项发展好？

A 刘　丽：

孩子能够全面发展是每一位家长的美好愿望，也的确存在琴棋书画样样在行的“神童”。但在现实生活中，绝大部分孩子都是普普通通的孩子，不是天赋异禀的全才，无法做到面面俱到，样样精通。每个孩子的时间都是有限的，尤其是他们进入小学以后。

因此，对于小学阶段家长应该怎样做抉择，我的观点是，**那些最基础的，对于孩子的生存和发展非常关键的领域，家长要尽量帮助孩子发展相关智能，而其他方面可以根据孩子的天赋或兴趣去学习和发展。比如，读写能力和计算能力就是对个体的生存和发展非常关键的基础智能，也是孩子学习其他学科的基础，因此，如果孩子在基础的工具性学科方面存在短板，那家长要尽量帮助孩子补上。**

Q 常　爸：

现实中，有的家长可能有跟风的倾向，看别人的孩子在学什么，就想让自己的孩子也去学；还有的家长可能是在孩子身上寄托了自己的梦想，比如，自己比较喜欢钢琴，或者觉得弹钢琴比较好，不管孩子有没有兴趣、喜不喜欢，就执着地让孩子去学弹钢琴。

A 刘　丽：

家长要想好让孩子学习这些兴趣爱好的目的是什么。以让孩子学弹钢琴为例：有些家长觉得学习音乐能提升气质，陶冶情操，让孩子得到快乐；有些孩子特别坐不住，家长把弹钢琴作为训练孩子专注能力的一种手段。以上两种情况，我觉得让孩子学一学无可厚非。但是要是想让孩子精通钢琴这门乐器，让他在这方面有所建树，那就必须要关注孩子的个体差异，不是每一个孩子都有成为钢琴家的潜质。

Q 常　爸：

不管是学习某项体育运动、某个乐器还是某项技能，我们统称为爱好或者特长，之所以叫作“爱好”或“特长”，就是因为要么是一个人特别喜欢这个东西，要么是特别擅长这个东西，或者两者兼而有之。家长做选择的时候需要考虑到这两个方面。

A 刘　丽：

是的。接下来，我谈一谈您刚才提到的“多元智力理论”。

1983 年，美国哈佛大学教授、发展心理学家霍华德·加德纳（Howard Gardner）提出了“多元智力理论”，即我们人类的智力是多元的，不应以单一标准去做评价。智力本身就不是只有单一的成分，可以分为很多方面（多元智力中的各种智力内涵可见表 5）。

当前，“多元智力理论”被广为接受，除了以往传统观念中较为注重的语言智力和逻辑－数学智力之外，音乐智力、躯体－运动智力、社交智力、内省智力等也被纳入智力的考量之中。

表5 多元智力中的各种智力内涵

加德纳多元智力理论	
逻辑－数学智力	逻辑推理和运用数字以及计算的能力
语言智力	对语言的感知和表达能力
空间智力	对空间事物的认知和操作的能力
音乐智力	对音乐的感知和表达能力
社交智力	对人们之间的关系的认知，对他人情绪的感知和理解，以及对此做出适当反应的能力
躯体－运动智力	对躯体活动和运动技能的掌握和运用能力
内省智力	对自我行为和情绪的认知和调整的能力
自然智力	认识世界、适应世界的能力，是一种在自然世界里辨别差异的能力

其实“多元智力理论”的提出就是源于加德纳教授发现智力存在巨大的个体差异，有人擅长这个方面，有人擅长那个方面。虽然**“多元智力理论”在学术上也有争议，但抛开学术上的争议不说，我觉得多元智力理论对人们的启发其实不是让孩子去全面发展八大智力，而是让家长意识到，每个孩子都是不一样的。我们应该根据孩子智力的特点，帮助孩子设计、规划不**

一样的发展路线，这样的引导是有价值的。

在知识迅速更新的现代社会，一个人要想在任何一行取得突出成就，他所需的知识广度和深度都是前所未有的，一个人成为全才的难度越来越大了。其实很多时候，孩子会根据自己的个性去自主寻找自己的方向，家长也不需要太早为他做抉择。我们做好观察者、引导者和资源提供者的角色就可以了。

以我家孩子为例，他 3 岁左右就表现出对数字的喜爱（比如，对书的页码非常感兴趣），7 岁的时候就能够计算简单的加减乘除了，这都不是我们刻意培养的，而是孩子顺其自然发展的结果。

我们的办法非常简单，就是观察到孩子有这方面的兴趣后，孩子爸爸就给他布置了一个数学图书角，买了很多数学方面的图书，还买了各种类型的魔方跟他一起玩，孩子非常喜欢。孩子关于数字、空间等方面的智力就自然而然发展起来了。其实这个过程就是家长观察到孩子的兴趣点，提供资源，让孩子自己发展的一个过程。所以，**我觉得当好一个家长，首先要当好一个观察者——有着一双慧眼，能发现孩子的闪光点。**

怎样科学地培养孩子的记忆力？

Q 常　爸：

就小学的课程来说，有一部分内容是需要孩子去记忆的，有的孩子记忆力差，学习起来很吃力，花费了比别人更多的时间，却没有别人学得好。可见，拥有好的记忆力对孩子的学习是很重要的。孩子怎么才能记得好、记得牢呢？

A 刘　丽：

记忆过程分为编码、存储、巩固、提取等几个过程。当我们看到一个东西，首先会对它进行视觉编码，编码之后信息就会被存储起来；存储起来不是终点，还要过一段时间再拿出来学一学，巩固一下；要使用的时候还能够提取出来，这才可以。如果只是存储了信息，并没有对信息进行巩固，有可能过一段时间就忘记了，就不能提取或者只能部分提取了。记忆的提升方法主要从编码、巩固等方面入手。

Q 常　爸：

所以，最初的学习和日后的复习都很重要。那么，我们可以通过一些相关的训练来提高记忆力吗？

A 刘　丽：

经过训练，记忆力是可以得到提高的。

《神经元》杂志上曾经发表过一项关于著名记忆大师的大脑活动模式的研究。这项研究发现用训练记忆大师的方式去训练普通人，普通人的记忆能力也有所提高，并且他的大脑活动模式也更像记忆大师了。

这就说明了，**记忆能力确实可以提高，而且也是有方法可循的。**

Q 常　爸：

哪些方法可以提高记忆力呢？

A 刘　丽：

记忆大师最常用的记忆方法之一叫**空间位置记忆法**，就是想象自己走在一条路上，在这条路的不同地方见到了不同的东西，你可以编个故事，把你要记忆的东西都“串”在你所经过的这条路上。这种方法其实就是利用空间联想编码策略来加深记忆。

常用的编码策略还有很多。比如：**组块法。**随机给我们一串数字，我们可能一时记不住，但是如果把这些数字分成几组去记就比较容易了。就像我们记电话号码一样，分为“3-4-4”三组去记，很快就能记得住这 11 个数字了。记忆英语单词的时候这个方法也很有用，比如，把 bedroom 切分成 bed 和 room 两个组块去记忆，就很容易记住这个单词了。

有的时候，**赋予意义法**也是一种很好的编码方法，比如，一串数字里面有“1949”这几个数字，我们都知道 1949 年是新中国成立的年份，想到这一点，你就很容易记住“1949”这几个数字了。

学习汉字的时候也可以借鉴这个方法，汉字是表意文字，如果我们能理解汉字的造字规则，知道某个汉字的由来，就能比较容易地记住某个汉字了。比如“山”字，中间高两边低，像是三座高高的山连在一起，如果把这个字画出来，就是“ 山 ”的样子；还有树木的“木”字，最原始的样子就是画一棵叶子掉光、只剩向上伸展着树枝和向下生长着树根的树，再比如“休”，就是一个人靠着一棵树休息的意思……当我们赋予这些需要记忆的内容以一定的意义后，记忆就会变得不那么机械和困难了。

Q 常 爸：

这么一看，编码真是太重要了，我们如何对记忆材料进行编码会在很大程度上影响记忆效果。

A 刘 丽：

是的，编码的方式、编码的深度，还有编码线索的多少都会影响记忆效果。

还有一个常用的记忆方法叫作**多感觉通道记忆法**，就是利用不同感觉通道去学习同一个东西，通过增加记忆的编码线索来提升记忆。比如，学习单词的时候，如果只是看一下单词表，孩子可能很容易就忘记，或者不容易记住。但是如果孩子不仅

表 6 几种高效记忆的方法

名称	举例说明
空间位置记忆法	想象自己去图书馆看书，在这条路的不同地方见到了不同的东西，你可以编个故事，把你要记忆的东西都“串”在你所经过的这条路上。
组块法	把需要记忆的材料分组记忆，比如我们记电话号码，分为“3-4-4”三组去记。
赋予意义法	通过给无意义的材料赋予意义来帮助记忆。比如，一串数字里面有“1949”这几个数字，我们都知道1949年是新中国建国的年份，这样就容易记住这些数字了。
多感觉通道记忆法	利用不同感觉通道去学习同一个东西，通过增加记忆的编码线索来提升记忆。比如，学习单词的时候，要眼看、口念、耳听、手写。

看了，还动手写了几遍，同时又大声念了几遍，那就相当于给记忆提供了多种线索——视觉线索、听觉线索、肌肉记忆线索，多重记忆线索会共同促进和强化记忆。

Q 常　爸：

所以，我们在学习一个东西的时候，就是要调动所有的感官去给它增加更多的记忆线索，用耳朵听、用眼睛看、用手写，甚至用肢体去表演等，这样更有利于记忆。不管是老师上课，还是家长辅导孩子，都可以利用这些与记忆相关的规律和方法。说到老师上课，一堂课的时间里老师如何安排教学内容，孩子们才能学得更好呢？

A 刘　丽：

这就需要谈一下记忆的**“首因效应”**和**“近因效应”**了。“首因效应”是指最先接收的信息由于没有受到任何干扰而能够得到更多的关注，大脑将这部分信息加工得更加细致（也就是编码得更好），而后续的信息则更容易被忽视，加工得也就相对粗略一些。比如，课堂开始的前十五分钟，是孩子注意力最集中的时候，这个时候他就更容易记住和理解自己所接收到的信息，所以老师可以有侧重地把较为重要的内容安排在前面去讲。

与“首因效应”对应，还有一个“近因效应”。指的是，在记忆一系列内容后，最后末尾部分的内容由于离回忆的时间最近，最容易回忆起来。举个例子，马上就要考试了，刚刚背过的内容会比前几天学过的内容更容易回忆起来。所以**对于纯记忆的内容，考试之前“临时抱佛脚”也是有用的。**

Q 常　爸：

您谈到的记忆“首因效应”和“近因效应”，虽然举的是老师上课的例子，但对于家长辅导孩子也很有启发。生活中还有一个很常见的现象是“学得快、忘得也快”。您能介绍几个减少遗忘的方法吗？

A 刘　丽：

记忆研究中还有一个非常重要的研究课题就是减少遗忘。**遗忘，又称为记忆的消退，是一种非常正常的现象。**

以弹钢琴为例，我们为什么要求孩子每天都练琴呢？有时候不一定要孩子弹多长时间，但是每天都得弹，其实就是为了预防遗忘。**通过让孩子及时复习，让他达到一个比较熟练的程度，就能有效地减少遗忘。**等他隔一周再上课的时候，不至于像重新学习一样。

德国心理学家艾宾浩斯 (H.Ebbinghaus) 研究发现：遗忘在学习之后立即开始，而且遗忘的进程并不是均匀的。他画了一条遗忘的时间曲线（见图 10）。这个曲线很好地说明：刚刚学会的内容遗忘得很快，需要及时复习。

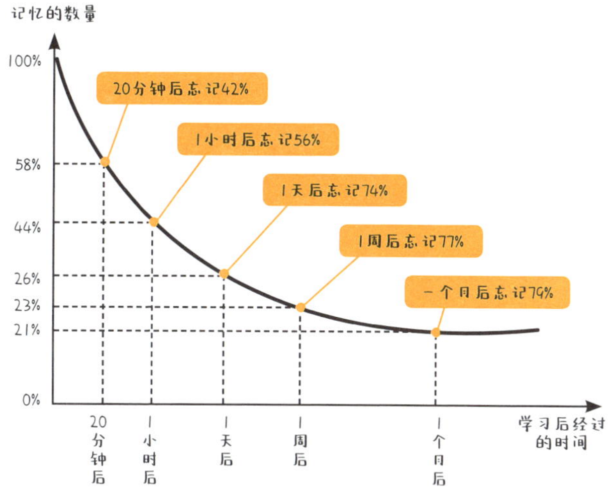

图 10　艾宾浩斯遗忘曲线

常　爸：

其实我们已经在应用这些规律了，比如，古人说“学而时习之”，讲的就是通过复习减少遗忘的道理，只不过大家还不太理解为什么这么做。再比如练琴，孩子是每天练习半个小时的效果好，还是两天练一个小时的效果好？答案显而易见，是每天都练比较好，即使练的时间短也比合在一起练较长时间的效果好。

刘　丽：

您总结得很好。其实关于如何复习，也有讲究。记忆研究领域有个很有名的效应叫**“考试效应”，这个效应是指突击测验可以增强记忆力，甚至可能超过学习的功效。这个效应提示我**

们可以用“以测代练”的方法来强化孩子的学习记忆效果。学完新的内容之后，有的孩子会再看几遍来复习，但如果老师进行一次随堂小测验，把重要知识点测试一遍，测完之后孩子再去整理错题，可能会比多看几遍书更管用。这个方法也适用于背单词，抄写单词三遍可能还不如听写一遍有用，这种“以测代练”的方法对于强化记忆是非常有帮助的。

Q 常　爸：

您上面讲到了非常多的学习记忆规律，我收获很多。不管是老师上课，还是家长辅导孩子，都可以利用这些与记忆相关的规律和方法。

为什么孩子总也记不住汉字？孩子写反字是怎么回事？

Q 常　爸：

有的孩子在学习汉字的时候，经过反复记忆，好不容易当时记住了，但是在另一本书里再看见这个字时，又不认识了。为什么这类孩子总是出现记不住、记不牢汉字的现象呢？

A 刘　丽：

识字并不是一件容易的事情。我来做一个通俗形象的解释吧：从脑科学的角度来讲，相对于人类的整个进化史来讲，文字的出现只有很短的时间，所以我们的大脑在进化过程中，并没有进化出有关汉字的一个存储区或者表征区。如果我们要在脑中建立起这样的区域，就要跟加工其他视觉客体（如房子、工具、面孔等这些对人类的生存至关重要的视觉客体）的一些

区域去“抢地盘”。汉字作为“后来者”，要在别人的势力范围内建立一个自己的区域，并不容易。

很多有阅读困难或阅读障碍的孩子，就存在总也记不住汉字的问题。在字词层面学习的困难，是阅读障碍的一个核心症状。这些孩子由于神经发育的问题，汉字“抢地盘”的过程比较艰难，所以他们就没有在大脑中建立好这个视觉字形表征区，于是就总也记不住汉字。这类孩子，需要家长或老师运用多种方式去指导他们来记忆汉字。

Q 常　爸：

刘老师，您能进一步介绍一些帮助孩子记住汉字的方法吗？

A 刘　丽：

对于 80% 左右的孩子来说，他们通过大量阅读和写字就能够顺利识字了。在这里我要特别强调写字的重要性，已经有大量研究表明，写字对于汉字的学习是非常重要的；也有研究表明，人脑的书写中枢在阅读汉字时也显著激活，说明汉字的阅读部分依赖于汉字的书写动作表征。

对于占比 15% 左右的阅读困难的孩子来说，他们往往没法自己把汉字的规律给总结出来，这就需要老师或家长总结汉字的规律，教给孩子好的记忆方法和学习方法，比如通过下表中（见表 7）的方法来记忆汉字。

对于另外 5% 左右的有阅读障碍的孩子，以上传统的方法是不够的。**阅读障碍的干预是一件非常专业的事情，专家往往需要事先对孩子进行评估，根据评估结果制定综合方案，包括阅读训练、认知训练等，家长配合并长期坚持，才能帮助孩子克服阅读障碍。**

Q 常　爸：

在教育孩子的这件事情上，家长需要多用心，多付出。另外，有些家长在教孩子认字的时候，因为孩子总是记不住，家长就会

表 7　几种常用的汉字记忆法

方法	具体做法
象形演示记汉字	如果是象形字，如：月、马、鱼、日等，教给孩子这个字的造字法，加深记忆。
实物对照记汉字	把汉字跟实物结合起来记忆。比如看到家里的“灯”“床”“桌”“椅”“门”等，就把字写出来，直接贴在实物上，让孩子看着实物来记忆汉字。
分门别类记汉字	将汉字分门别类地进行汇总，让孩子记忆。如：按性质分为动物类、植物类、食品类、日常用品类、玩具类等；按汉字结构分为上下结构、左右结构等；按偏旁部首分为提手旁、三点水旁、竖心旁等。归类记汉字的方法，可以提高孩子的学习兴趣，让孩子快乐识字。
结构拆分记汉字	有些汉字可以通过结构拆分重组来记忆。如：“一”“人”组合成“大”，“二”“人”组合成“天”等。充分利用汉字的结构和意义，让孩子边动脑边记忆。
组词记汉字	用汉字组词，顺便去记住词语中的另一个字，既培养了孩子的组词能力，还提高了孩子的联想能力。

抱怨："我小时候很快就学会了，你怎么就学不会呢？"这样的抱怨和指责，只会让孩子更加丧失信心，更加抵触学习。所以，家长应该在孩子面临困难的时候，给予耐心的讲解，不急不躁，提供帮助。

A 刘　丽：

是这样的，抱怨没有任何意义，反而让孩子更抵触学习。

Q 常　爸：

孩子认识汉字之后，就要开始学习写字了。在教孩子写字的时候，很多家长可能遇到过这样的问题：孩子很容易就把字写反了，有的把汉字写反了，有的把字母和数字写反了。家长反复纠正了很多遍，孩子可能还是改不过来。这是怎么回事呢？

A 刘　丽：

孩子写反字，绝大多数情况下家长不用太担心。

Sally Shaywitz 在她的 *Overcoming Dyslexia*（《聪明的笨小孩：如何帮助孩子克服阅读障碍》）一书中指出，孩子写反字并不是读写障碍的征兆，正常孩子也会写反字。其实写反字跟脑的进化过程有关，是人脑的"客体恒常性"的一个体现。具体来说，一个物体不论是正着还是反着，离得远（看起来小）还是离得近（看起来大），我们的脑都会把它认成一个物体，这就是“客体恒常性”。而文字的设计不符合这个规则，正着看、反着看往往是不一样的，这就跟我们的脑在长期进化过程中形成的“客体恒常性”有了冲突，孩子就会出现写反字，即“镜像书写”的现象，这属于孩子成长过程中一个很正常的现象。

随着孩子年龄的增长、读写经验的增加及脑发育逐渐成熟，这种现象就会慢慢消失。所以孩子在刚开始学习汉字的时候写反字，家长不要担心，也无须焦虑，这种现象一般是阶段性的。但如果孩子长期写反字，并且语文成绩不好，家长还是要予以重视。

孩子上课不遵守纪律的原因有哪些？要怎么改善？

Q 常　爸：

有的孩子上课非常遵守纪律，认真听讲，有的孩子就是坐不住，交头接耳、东张西望，还有好多小动作，为什么会有这样明显的差异呢？这跟孩子的脑发育有关系吗？

A 刘　丽：

孩子不能遵守课堂纪律跟很多方面有关，常见的原因如下：

1. 注意力无法长时间集中。

有的孩子注意力发展得比较好，注意力保持时间较长，就能认真听讲，遵守课堂纪律；有的孩子脑的注意功能发展得不够好，只能集中注意较短的时间，过一会儿就走神了，或玩玩自己的文具，或打扰其他同学，这就是注意力发展的个体差异。

这跟个体脑发育有一定的关系。有些多动症的儿童存在比较严重的注意缺陷。我们在第五章已经讨论过相关内容。

2. 多动、冲动。

有的孩子会有一些多动行为，如坐不住，这跟注意力问题有联系，但是又不完全相关。如果孩子多动、冲动的行为发生得比较频繁，并且在多个场合发生的时候，孩子可能就有多动症的风险，需要家长关注。这些孩子也知道不遵守课堂纪律不对，但就是控制不住自己。这类孩子往往需要治疗或训练。

3. 对学习内容不感兴趣。

有些孩子不存在“注意力差”“多动”的问题，只是单纯地对学习内容不感兴趣。如果是这个原因，那么家长就需要培养孩子对学习的兴趣。有一句俗语是这么说的：“手越用越巧，脑越用越灵。”有研究表明：**孩子的大脑，越学习越爱学习，越爱学习越善于学习，这是一个正向循环。孩子学习的过程也是塑造大脑，让大脑变得擅长学习的过程，孩子擅长学习之后就更爱学习。**所以，家长需要培养孩子热爱学习的态度，在家里多进行一些亲子阅读、科学小研究，或者看一些适合孩子的纪录片等学习类活动，培养孩子的学习兴趣。

4. 认知水平及学习能力超前。

课堂教学一般是按照大多数孩子的认知水平开展的，老师要照顾到大多数孩子的学习能力。有的孩子不听讲，可能是因为老师讲的内容他都会，他觉得听课没意思。所以，家长需要“认识”自己的孩子，老师也要“认识”每一个孩子，如果是因为孩子学习水平超前的原因，家长最好跟老师沟通一下，看能不能让老师给孩子布置一些更富有挑战性的学习内容。

5. 想要得到老师的关注。

孩子上幼儿园的时候，班里一般都有 3~4 位老师，所以每个孩子都能得到及时的关注。孩子上了小学之后，课堂上往往只有一位老师，此时如果孩子觉得自己无法得到及时的关注，就会做出一些小动作来引起老师的注意。

以上就是孩子不遵守课堂纪律的一些常见原因，当然还会有一些我没有提到的其他因素。家长不能因为老师说孩子课堂纪律不好，就把孩子骂一顿或者打一顿来发泄情绪，这样不但不能解决问题，还会让孩子产生逆反心理。

如果孩子在学校不遵守课堂纪律，家长也不能把所有问题都推给老师，因为每个班几十个孩子，老师也确实无法做到对每个孩子都了如指掌。作为家长的我们，需要充分深入了解自己的孩子，这样才能在孩子出现问题的时候，及时找到问题的症结。

Q 常　爸：

孩子不遵守课堂纪律，是否跟孩子在家里经常不受规矩限制也有关呢?

A 刘　丽：

有这个可能。有的孩子从小就没有建立起规则意识，比如自己的玩具乱摆乱放、吃饭的时候手里玩着玩具还看着电视……

在家里想干什么就干什么，不受任何约束。倘若孩子在家里一直没有规则可言，在课堂上就会非常不习惯老师定下的规矩。如果家长知道自己的孩子存在这样的问题，就要开始在家里建立家庭规则，从最简单的规则开始，培养孩子的良好习惯。

家长可以跟老师交流孩子在家里正在配合调整，请老师在学校也适当引导，慢慢地孩子就能建立起规则意识，也能遵守课堂纪律了。

Q 常 爸：

所以，家长如果听到老师说自己孩子不遵守课堂纪律，就要跟老师多沟通，跟孩子多沟通，找到孩子不遵守课堂纪律的真正原因，然后才能思考解决方案，和孩子一起解决问题。不管是在家里、学校还在其他地方，我们都要提醒孩子遵守相应的规矩。

家长也要以身作则，从日常生活的点滴小事做起，比如扔垃圾时要分类、开车或走人行横道时遵守信号灯指示、在室内环境做到不吸烟……这样言传身教，孩子的大脑里也会建立规则意识，形成遵守规矩的习惯。

为什么有的孩子注意力差，容易分心？

Q 常　爸：

我有一位同事说自己的孩子做事情不够专心，总是容易分心。比如，孩子在室内场地练乒乓球，本来训练场已经比较吵闹了，但是有人推门进来，孩子一定会第一时间转头去看是谁进来了；有人大声说话，他也会转头观察是怎么回事。同事认为孩子练球很不专心。您是怎么看待这样的现象？

A 刘　丽：

不同的时代对于个体专注力的要求不同。如果在原始时代，这样的孩子可能是一名很好的猎手，因为他能迅速识别出环境中的危险来源。但在现在这个重视学习的时代，孩子容易分心反而是个不利于学习的缺点，所有家长都想让孩子专心。**对于6~12 岁的孩子来讲，他们容易分心很正常，因为此时孩子的大**

脑发育还不完善，尤其是额叶－顶叶组成的注意控制网络，要到孩子青春期才能够发育成熟。

但相比其他孩子，有些孩子显得尤其不能集中注意力，他们非常容易被外界刺激分心，经常弄丢东西，别人跟他说话好像没有听到，上小学后逃避需要长时间集中注意的家庭作业等，这些有可能是“注意困难”的症状，家长要注意观察。如果确实如此，孩子可能是存在“注意困难”问题，严重的有可能是患有注意缺陷多动障碍（简称多动症），家长需要及时带孩子就医。

Q 常 爸：

家长怎样在日常生活中培养孩子的专注力呢？毕竟孩子专注力高，学习的效率也会相应提高，对孩子和家长来说可以省时又省力。

A 刘 丽：

家长要在日常生活中就培养孩子的专注力，而不是只在孩子学习时才想到这件事情。家长主要注意以下两个方面：

第一，为孩子创造刺激少的专注环境。

在孩子的额叶－顶叶组成的注意网络还没有发育完善的情况下，他控制自己和抑制分心刺激的能力本来就比较弱，所以在需要孩子专注地完成一件事情的时候，我们要尽量为他提供一个干扰较少的合适环境。比如，和孩子一起读书的时候，就不要同时播放着孩子爱看的动画片，不要把孩子想吃的蛋糕放在桌子上，也不要拿很多玩具出来刺激他。因为这些强刺激很难让孩子专注于眼前的书本。如果在这样的环境下，我们还让孩子必须去读书，孩子会感到被逼迫，他的心思会游移来游移去，就是落不到书本上。

第二，孩子在专注于某件事情的时候，不要去打扰他。

有的家长对孩子关注度过高，会在无意之间干扰到孩子——孩子正在专心地看书，家长突然塞过来一盘水果，还嘱咐孩子："多吃点啊，听见没有？"直到孩子点头答应，家长才会罢休走开。有的家长不想放过任何教育孩子的机会，有时也会干扰到孩子——在博物馆里，孩子正在专注地观察一件展品，家长却只顾着看展品介绍，一味地给孩子灌输知识："这件展品是唐朝时期的物件，它的造型优美生动，釉色鲜明润泽，代表了唐三彩的最高水平。记住了吗？"

还有的家长想起一出是一出，本来孩子正在练琴，家长想起来孩子有一门作业还没写，干脆中断孩子练琴，让他写作业，又想起孩子还没喝牛奶，就让孩子先喝完牛奶再写作业，这么反反复复的，使得孩子无法把心思专注于任何一件事情上……我举这几个反例是想说，当孩子投入精力做一件事情的时候，家长最好不要去干扰孩子，让他做完一件事情后，再去做另外一件事情。

Q 常　爸：

所以，很多时候不是孩子注意力不集中，而是周边环境中有

太多的“诱惑”分散了他的注意力，抑或旁人总是不经意地“打扰”他。所以，请家长为孩子创造能让孩子专注做某件事的环境，这样才能真正地帮助孩子。

孩子写作业时，可以同时听故事、听音乐吗？大脑擅长“一心二用”吗？

Q 常　爸：

现在，有的孩子喜欢边写作业边听音乐，家长们很着急：这样一心二用会影响学习吗？我听说，关于这个问题，也是因人而异的，有的孩子听音乐反而能集中精力，而有的孩子却会因此受到打扰，降低学习效率。这个说法正确吗？

A 刘　丽：

从本质上来讲，我们的脑其实是不擅长一心二用的。我们一心二用的时候往往也是以一件事情为主，一件事情为辅，为辅的事情往往是比较简单、已经高度自动化的事情，并不需要占用太多的脑力资源。即使这样，我们也经常会搞砸其中的一件事情，比如一边打电话，一边炒菜，菜就糊了。

拿孩子边听音乐边做作业这件事来说，音乐的选择和作业的性质就很关键。音乐有无歌词，音乐的节奏等决定音乐会占据孩子多少注意资源；作业的难度，对创造力的要求会决定作业占据孩子多少注意资源。如果作业比较难、要求比较高，而音乐又比较吸引人注意力的时候，孩子做作业的质量会受到影响。如果选择的音乐比较合适，听音乐总体来说是个比较放松、不需要占用太多注意资源的活动，所以有不少孩子可以边听音乐，边做作业。其实对这些孩子来讲，由于听音乐并不占用他太多的脑力资源，他的心并没有“二用”。

Q 常　爸：

这么说，不受影响的孩子们，就是可以排除那些干扰？

A 刘　丽：

其实，确切地说，音乐对这些孩子不但可能不构成干扰，反而有些时候还起到促进学习的作用。一方面，如果孩子写作业的环境比较嘈杂，某种程度上他戴上耳机听音乐，可以屏蔽外界嘈杂的声音。另一方面，音乐能起到调节情绪的作用，某些音乐能让孩子静下心来，更加专注地投入到作业中去。

音乐对于不同领域的正向迁移作用，是当前科学研究的热点之一。研究表明，不同类型的音乐有着不同的功能。有一门专业叫音乐治疗，就是通过精心设计的音乐，起到帮助患者语言康复、运动康复、情绪康复等作用。

Q 常　爸：

有的孩子能在闹哄哄的环境下写作业，有的孩子就不行。您认为这是先天的原因，还是后天他们受到的教养方式不同呢？

A 刘　丽：

人的专注力、抑制干扰的能力，先天个体差异就很大。虽然后天的教养方式会起到一定的作用，但是我并不认为其能起到决定性作用，我觉得先天的作用还是非常大的。

Q 常　爸：

这让我想到了生活中的另一个例子：有的孩子睡觉，稍微有点吵闹的声音，他就睡不着了；但是有的孩子就没问题，不管环境多么嘈杂，他都睡得很香。

A 刘　丽：

对，个体差异很大。如果孩子听着音乐也不影响他做作业，家长就没必要强行纠正。但就像我们说的，大脑其实是不擅长一心二用的，所以家长也完全没必要为了训练孩子排除干扰的能力，故意把孩子放到嘈杂的环境中做作业。嘈杂的环境对于专注力不好的孩子来说，负面影响是非常大的，家长还是尽可能地给他提供安静一点儿的环境，让他专注写作业就好了。

为什么学会了走路、骑自行车，就可以形成永久记忆，学科学习却容易遗忘？

Q 常　爸：

有些记忆，大脑可以一直牢牢记住。比如，一个人一旦学会了走路、游泳、骑自行车、滑雪等，就几乎不会再忘记。我们可能记不清自己是哪天学会了游泳、骑自行车，但神奇的是，只要我们学会了，就很难忘记这项技能。可是，对于新学会的古诗词、数学公式、英语单词，如果过段时间不复习，我们就很容易忘记。相比于记忆日期、文字、语言，我们曾经学会的某项运动被大脑记住的时间会更久，这是怎么回事呢？

A 刘　丽：

人的记忆包括程序性记忆和陈述性记忆这两种。

程序性记忆是指如何做事情的记忆。我们对于如何走路、游泳、骑自行车、滑雪等的记忆都属于程序性记忆。这些项目我们开始学起来比较难，随着动作的熟练，动作的记忆痕迹会逐渐从大脑皮层转移到纹状体，由纹状体专门负责程序性记忆的存储。我们学会这些运动之后，几乎不需要意识的参与，很容易从纹状体中提取这些记忆，即使将其搁置多年，重新操作时也能很快想起。

陈述性记忆是指人对事实性资料的记忆。我们学习各学科知识，这叫陈述性记忆。相对于程序性记忆来说，陈述性记忆要调动大脑更广泛的区域。

Q 常　爸：

也就是说，陈述性记忆的过程更加复杂吗？

A 刘　丽：

对，比较复杂。对于陈述性记忆，我们要先调用海马区域，然后调动额叶负责执行控制的区域。对于各学科知识，我们还需要在某种程度上理解它们，所以就要调用我们脑中的概念表征区域、知识存储区域、言语理解区域。因此，学科知识的学习，是需要更广泛的脑区参与的。不同类别的知识在脑中的具体存储区域也有所不同。

Q 常　爸：

就拿滑雪来说，我们在学习滑雪之前，往往会通过看指导书

或视频来了解动作要领，这种记忆就是陈述性记忆；接下来我们在学习滑雪期间，经过不断地练习，把书本上的知识转化成了运动技能，真正地学会了滑雪，这时的记忆就是程序性记忆。

A 刘　丽：

基本准确。

Q 常　爸：

那么，对于所有陈述性记忆的内容，我们就需要定期复习与回顾，这样才能记得牢，对吧？

A 刘　丽：

是这样的。无论是记手机号码还是背课文，我们都要通过不停地重复，才能把想要记下来的东西真正记住。我在前面已经讲过，重复可以让神经元突触之间的联结更稳固。而重复，不仅仅应该在记忆的当时，更应该在记住之后。**对于同一个知识点，不断进行重复，是这个知识点不会被遗忘的关键。**

玩电子游戏为什么会上瘾？

Q 常　爸：

很多家长反映，孩子沉迷电子游戏，玩得比大人还凶。小孩子对电子游戏上瘾，是因为孩子的自我控制力弱吗？这和脑部发育有什么关联吗？

A 刘　丽：

首先，孩子的认知与情绪控制的脑网络确实还没有发育成熟。相对成人，孩子的自我控制力确实要更弱一些。

其次，研究表明：容易让人上瘾的活动，多数是因为让人脑中产生了内啡肽。内啡肽是一种让人产生愉快感的激素，它会改变人脑当中的“奖赏系统”。玩电子游戏时，人脑会产生让人感觉愉快的内啡肽，因而容易上瘾。

最后，孩子是否容易沉迷电子游戏也有着很大的个体差异。大量研究发现：容易上瘾的人，脑中的“奖赏系统”是过度活跃的，而大脑的执行控制系统则不够活跃。

其实，“成瘾”是一个社会概念，简单地说，有些人非常热爱学习，把大量的时间花在学习上，我们为什么不说他学习成瘾呢？那是因为学习这件事，对他来说，对社会来说，都是有意义的事情。那我们为什么认为电子游戏成瘾就不好呢？那是因为一个人如果太过沉迷于电子游戏，不但影响其身体健康，甚至影响他的正常生活。

研究表明，成瘾不仅会改变人脑的奖赏系统，还会改变脑的决策系统，这使得成瘾行为更多受习惯驱使，而不是一种有意识的行为，从而加重成瘾。

学龄阶段的孩子，由于其脑发育还不够成熟，所以比较容易对电子游戏上瘾，家长要严格监督孩子使用电子产品的时间，帮助孩子选择恰当的游戏或学习内容。但现在及未来的世界就是电子化的世界，而且，很多学习内容也是通过电子游戏的形式来呈现的，所以家长也不要完全禁止孩子接触电子游戏。

Q 常　爸：

是的，现在有很多小游戏，是让孩子通过玩游戏去学习知识或开发大脑。很多游戏设计者，都是把游戏时长设置为15~20分钟，这样可以直接控制孩子玩的时间。但是，没有时间限制的游戏，就要靠家长来控制孩子玩的时间了。

A 刘　丽：

对，是这样子的。因为个体差异，对于一些自控能力差的孩子，家长真得起到严格管控的作用。在面向孩子的电子游戏的设计上，包括学习类、益智类的电子游戏，我觉得设计者应该要考虑到有些孩子游戏成瘾的问题，在设计上做相应的处理。

Q 常　爸：

大脑的“奖赏系统”是否活跃，家长能判定吗？还是必须要到专业的机构去测一下？家长其实只要观察孩子是否有玩游戏成瘾的现象就可以了吧？

A 刘　丽：

家长可以通过专业机构的测试了解孩子的认知控制能力。当然，家长的日常观察也很重要。比如说，给孩子规定玩游戏的时间，5 分钟或 10 分钟，看他能不能做到。如果他能做到，我觉得孩子的自控能力就还可以，玩一会儿也挺好的。如果孩子不能做到，那就得需要家长的监控了，因为一旦孩子真正沉迷游戏甚至游戏成瘾之后，会对他的脑及多方面发育产生影响。

Q 常　爸：

现在好多公司会把孩子学习的过程设计成游戏的形式，不管是学习语文、数学还是外语，您觉得这对孩子以后的学习会有影响吗？

A 刘　丽：

我总体认为让孩子以这种轻松的状态、快乐的方式来学习是件好事。通过一些现代科技的运用（如虚拟现实技术），让很多抽象的知识变得更生动形象、易于理解，其实是很棒的一件事情。但是我们要警惕形式大过内容。如果孩子不沉迷电子游戏，又能学到知识，家长就无须过分担心了。

本章小结

- 多元智力理论对人们的启发其实不是让孩子去全面发展八大智力，而是让家长意识到，每个孩子都是不一样的，我们应该根据孩子智力的特点，帮助孩子设计、规划不一样的发展路线。

- 记忆能力确实可以提高，而且也是有方法可循的。

- 遗忘，又称为记忆的消退，是一种非常正常的现象。让孩子及时复习，让他达到一个比较熟练的程度，就能有效地减少遗忘。

- 突击测验可以增强记忆力，甚至可能超过学习的功效。这个效应提示我们可以用“以测代练”的方法来强化孩子的学习记忆效果。

- 相对于人类的整个进化史来讲，文字的出现只有很短的时间，所以我们大脑在进化过程中，并没有进化出有关汉字的一个存储区或者表征区。因而，识字并不是一件容易的事情。

- 如果孩子在刚开始学习汉字的时候写反字，家长不要担心，也无须焦虑，这种现象一般是阶段性的。但是如果孩子长期写反字，并且语文成绩不好，家长还是要予以重视。
- 孩子学习的过程也是塑造大脑，让大脑变得擅长学习的过程，孩子擅长学习之后就更爱学习。
- 对于 6~12 岁的孩子来讲，他们容易分心很正常，因为此时孩子的大脑发育还不完善，尤其是额叶 – 顶叶组成的注意控制网络，要到孩子青春期才能够发育成熟。
- 我们的脑其实是不擅长一心二用的，所以家长完全没必要为了训练孩子排除干扰的能力，故意把孩子放到嘈杂的环境中做作业。
- 大量研究发现：容易上瘾的人，脑中的“奖赏系统”是过度活跃的，而大脑的执行控制系统则不够活跃。

第十二章

脑与学龄期人际交往

从倾听开始，走进孩子的内心，架起“沟通”这座桥梁；良好的亲子互动，为孩子提供“家庭和睦”的生长沃土；家校共育，为孩子的身心发展保驾护航。

孩子突然不愿意去学校是什么原因?

Q 常　爸:

不管是刚上一年级的小学生，还是已经进入高年级的小学生，都会有家长反映孩子突然不愿意去学校上学的情况。那么，针对孩子突然提出不想去学校上学的问题，您觉得会是什么原因造成的呢?

A 刘　丽:

这是一个复杂的问题，孩子不愿意去学校的原因，可能会有很多，总体上来看，可以分为两个方面：

一、孩子自身的原因

1. 孩子在学习上受到了挫折。比如孩子学习成绩不太好，不想走进学校、走进课堂，特别是有些孩子有“学习困难”或者“学习障碍”。

2. 重要的目标没有达成。孩子努力了很久想要达到的目标没有实现，比如当班干部，考进前三名，获得一个很重要的奖项等。

3. 刚进入一年级的孩子心理落差比较大。幼儿园以游戏为主，环境气氛比较轻松，没有太多的课堂纪律需要遵守；小学是以学习为主，课堂要求高，学习时间比较长，所以孩子不能很快地适应小学生活。

二、生态关系的问题

1. 师生关系遇到了问题。比如，孩子在学校受到了老师的批评，不能接受老师的批评。虽然绝大部分情况下老师的批评是对的，但有些孩子比较敏感，不能接受。

2. 同学关系遇到了问题。比如，在班级里，孩子觉得其他人不和他玩，他自己又融入不了，或者孩子在学校受到欺凌，被别的孩子打了，或遭遇到了冷暴力。

3. 家庭关系遇到了问题。比如，有一些家庭，夫妻关系出现了问题，孩子发现通过自己的问题能引起父母的关注，会让父母关系缓和，所以他们会以此来“挽救家庭”。很多时候孩子做出这样的行为是无意识的，心理咨询中有不少这样的案例。

Q 常　爸：

原因确实有很多，家长需要做的第一步就是与孩子沟通，了解孩子内心的真实想法，从而得知孩子不想去上学的真正原因，再帮助孩子解决问题。

A 刘　丽：

是的。**家长要先了解孩子不想上学的原因，这是第一步，也是非常重要的一步；**然后根据孩子的实际情况，对症下药，耐心地开解孩子，重新激发孩子上学的兴趣。家长需要理解孩子，在与孩子谈话时，切忌指责孩子，而是应该正确引导。此时此刻，家长的心态是决定孩子上学态度的关键。

Q 常　爸：

如果孩子不想上学是因为学习跟不上、太吃力，家长可以帮助孩子重新梳理一下学习计划，在孩子放学回到家的时间里，多给予孩子一些指导和陪伴，争取早日找到最适合孩子的学习方法。那么，如果是因为师生关系或同伴关系的问题导致孩子不想上学，家长应该怎么帮助孩子呢？

A 刘　丽：

咱们先说师生关系。如果是师生关系问题，家长首先要加强与老师的沟通，找到孩子和老师之间发生问题的具体原因。与老师沟通后，还要与孩子沟通，如果孩子是因为被老师批评了，家长要耐心地倾听孩子说明老师批评他的原因，然后有针对性地进行处理，这样才能帮助孩子正确理解老师的批评，从而有效地消除孩子对老师批评的偏见；对于性格比较敏感的孩子，家长可以请老师多给予他鼓励。

下面来说同学关系问题。如果是因为校园霸凌，孩子被欺负了，那么家长需要特别关注，问清楚事情是怎么发生的，及时站出来保护孩子。此时家长千万不能埋怨孩子，说出“你怎么这么笨”“你为什么不打回去”“你怎么这么窝囊”这样的话，不能让孩子感觉到被欺凌是自己的错。家长要及时与老师及对方家长沟通，共同解决问题。

如果是孩子不能融入同伴群体，那么家长可以帮助孩子培养同伴关系，邀请一些同学来家里玩，教孩子一些社交技巧等，帮助孩子慢慢融入集体。

Q 常　爸：

所以家长与老师之间的沟通、与孩子之间的沟通，都太重要了！孩子在学校人际关系的好坏，也与孩子大脑发育及心智发展的个体差异有关系吧？比如有的孩子擅长社交，有的孩子就不太会社交。

A 刘　丽：

是的，存在个体差异。对于小学生来说，有的孩子擅长社交，与老师、同学的关系都很好。有的孩子社交能力差一些，家长需要关注，尤其是要关注孩子跟同学的关系，因为在学校里，孩子与同学相处的时间是最多的。有的孩子虽然喜欢和同伴玩，但或事事都想当老大，或缺乏团队精神，或缺乏社交技巧，或不遵守游戏规则，结果就是其他孩子越来越不喜欢和他玩。有的孩子，善于关心别人，指挥、组织、协调能力都很好，别人也都喜欢他，这样他就能拥有良好的同伴关系。

Q 常　爸：

其实这也就是我们平时所说的情商吧，小孩子也有情商高低之分。咱们接着说一下，不论是出于什么原因，孩子就是不想去上学，那么家长应该怎么做呢？

A 刘　丽：

家长要分清楚孩子是偶尔不想去上学，还是经常不想去上学。有时候，我们成年人也会有那么一两天不想工作。孩子也一样，他也会有感觉到累，状态不好的时候，这时候孩子可能会不想去上学。我觉得这个时候，可以让孩子休息一两天。如果一直让孩子紧紧绷着学习的“弦”，或许有一天“弦”就会断了，到时候孩子发展成厌学、惧学，想挽回就更不容易了。让孩子休息一天，也许第二天他就缓过来了，就想去上学了。

对于孩子经常不想去上学的情况，家长要重视，要通过与孩子和老师的沟通，找到孩子不愿意上学的原因，就像刚才说的“对症下药”，才能“药到病除”。

孩子太内向，不善于交朋友，怎么办？

Q 常　爸：

孩子上了小学之后，和幼儿园有很多不同：幼儿园的同学是玩伴，小学的同学就不单单是玩伴了，他们还可以相互探讨学习上的问题，可以一起做作业，互相鼓励、共同进步。所以，在班里有几个相处得很好的同学，还是很重要的。有的孩子性格外向，能交到很多朋友。但是有的孩子性格很内向，不会主动交朋友，家长为此很苦恼，您认为家长应该怎样帮助孩子呢？

A 刘　丽：

这是个挺重要的问题。咱们老百姓常说的“内向”“外向”和心理学所说的“内向”“外向”是不一样的。**心理学所说的“内向”“外向”是人的一种气质特点，气质偏内向和偏外向的孩子都各有优缺点。**

比如说，内向的孩子安静，独立思考能力强，喜欢深入思考，更关注自己的内心感受，比较有主见，不容易受到外界干扰；外向的孩子社交能力强，能够很快适应新环境，比较关注别人的感受和别人对自己的看法，但是容易受到外界的干扰。这是两种不同的气质类型。怎么样让孩子扬长避短才是重要的，并不存在哪种气质的孩子更有优势的说法。

所以如果孩子只是说算不上一个社交高手，家长就没必要担心。但是如果孩子特别不善于交朋友，感觉到自己孤单，难以融入班级，那这是需要改善的。也就是说只要孩子有正常的交际，朋友少没关系，我们都说“人生得一知己足矣”，友情的质量比朋友的数量更重要。如果是孩子特别不合群，有明显的社交问题，家长就要加以培养。

有的孩子为什么不会交朋友？从脑科学的角度来讲，往往是因为他不会“共情”，即不能很好地理解别人的意图，不能敏锐、及时地感受到别人的情绪，别人开心、生气、疑惑、焦虑，他都不能敏感地感受到，所以在和同伴交往的时候会有困难。**因此，家长要重点培养孩子的共情能力，让孩子能够理解他人的情绪、意图，这是社交能力的重要基础。**

研究表明：我们脑中存在大量的“镜像神经元”，这可能是人类“共情”的基础。什么是“镜像神经元”呢？简单来说，就像是照镜子的时候，有个镜子里的你，还有个真实的你。这个神经元的功能就是当你看到镜子中的动作时，跟自己实际做出动作时产生类似的神经反应。

生活中有一些常见的现象，例如：当你看到别人沮丧、哭泣时，自己也会被卷入情绪，心情不舒畅；当你看到别人做一个动作时，也想象自己能做出相同的动作，比如我们看羽毛球比赛时，脑中有时候也会显现自己打羽毛球的景象。“镜像神经元”可以帮助我们理解别人的意图，感受别人的情绪，然后顺利进行人际交往。

Q 常　爸：

共情能力要怎么培养呢？

A 刘　丽：

实际上，孩子从出生后，就已经具备了共情能力，关键看家长能否在孩子成长过程中给予正确的引导和培养。比如，孩子打疫苗的时候，看到前面的小朋友号啕大哭，他虽然还没开始打针，也会跟着哭起来。三四岁的小孩，看到小伙伴不高兴，会用自己的方式安慰同伴，比如分享玩具和食物。这都属于孩子的共情能力。

脑科学的研究表明，共情的脑网络与动作模仿、想象的脑网络有大量的重叠，通过让孩子观察、模仿别人的动作，想象自己处在跟别人一样的情景下会怎么想、怎么做，会有助于促进孩子的共情能力的发展。

家长需要做的是通过日常小事，按照以上方法培养孩子更完善的共情能力。比如看绘本的时候，家长可以问孩子“这个小朋友为什么哭了？如果是你，你会怎么办？”之类的问题，也可以和孩子一起进行角色扮演类的小游戏。另外，家长要为孩子做好榜样，主动关心家人，孩子才能耳濡目染，学会共情，更加善良体贴。

Q 常　爸：

也就是说，当孩子具备比较强的共情能力之后，就能很容易地感受到他人的内心，理解、体贴、关心他人，从而就能和他人愉快地相处了。

另外，对于“内向”的孩子，家长一定要给他营造一个温暖的家庭氛围，提供一个稳定的生活环境，然后多鼓励孩子跟同龄人交往，这些对培养孩子的共情能力都有帮助。

为什么孩子会对父母产生厌烦情绪，越来越不爱与父母交流?

Q 常　爸:

有些孩子上了小学，尤其是高年级之后，就越来越不爱跟父母沟通，甚至会对父母的管教产生厌烦的情绪。

A 刘　丽:

这是孩子成长过程中常见的问题。原因是孩子上了小学之后，尤其是进入青春期之后，他的生理激素发生很大的变化，身体发育逐渐成熟，脑发育进入另外一个高峰。此时，孩子的独立意识增强了，自我意识越来越明确，因此他更想按照自己的价值判断来拿主意。

此时家长可能并没有意识到孩子生理和心理的变化，还会一如既往地管教孩子，所以孩子会对家长的管教产生厌烦情绪，甚至会说出一些令父母伤心的话。

Q 常　爸：

孩子在成长过程中，会有哪几个叛逆期？

A 刘　丽：

在孩子成长的过程中，第一个叛逆期是在他 2 岁左右的时候。由于此时孩子有了自我认知，并且对很多事情都处于好奇的状态，因此总会不听父母的话。

孩子在 6~7 岁上小学时，又迎来了第二个叛逆期。这个时期的孩子跟幼儿园时相比，独立性进一步增强，同时他受到同伴的影响，很多事情都不按照家长的要求来做，所以家长觉得孩子有些不好管教。

第三个叛逆期是孩子青春期，10~12 岁开始，可能会持续到 17~18 岁。这个阶段的孩子，做事情冲动、脾气也大，可能是最让家长头疼的阶段。

从脑科学的角度来看，孩子大脑中负责情绪感受和负责理智区域的发育是不平衡的，青春期的孩子在决策的时候倾向于依赖情绪感受脑区（如杏仁核），同时脑的奖赏系统（如伏核结构）也比较活跃，而进行理性决策的前额叶还没有发育成熟。并且青春期是孩子脑发育的另一个高峰期，很多脑回路都在重新构建之中，所以青春期孩子的想法容易不稳定。

青春期孩子的思想在逐步走向独立，就会极力地去挣脱父母的掌控，希望凡事自己说了算，家长的管教对他们来说毫无威慑力，有时候会产生“越管教，就越叛逆”的情况。所以在这个时候，家长一定要学会放手，开放自己的心态，以朋友的身份去了解孩子的想法，跟孩子讨论、商量着做决定。

Q 常　爸：

叛逆期其实并不可怕，只要家长给孩子足够的尊重、空间、陪伴和引导，就会帮助孩子顺利度过每一个叛逆期。生活中，总会有家长抱怨自己的孩子不懂事，不体谅家长的辛苦付出，其实很多叛逆期问题的出现，家长也是有一定责任的。

所以，家长在教育孩子的时候，要多想想孩子叛逆行为的背后究竟是什么原因。身教的意义远大于言传，要想让孩子顺利地度过每一个叛逆期，家长首先要做的就是改变自己，冷静处理，给自己和孩子充分的缓冲时间。

如何陪伴孩子顺利度过青春期？

Q 常　爸：

刚才我们已经谈到了一些关于青春期的内容。一般孩子在11岁左右进入青春期。青春期的孩子在情绪上阴晴不定、容易冲动，自控性比较差，还比较逆反。家有青春期的孩子，对家长来说是一个很大的挑战。

我前几年出差去美国参加一个脑科学会议时，有幸聆听了在脑科学领域颇有建树的Sarah Jayne Blakemore教授的演讲，她的演讲主题就是青春期孩子的脑发育。孩子从刚进入青春期开始，大脑就发生了巨变。一是青春期孩子的前额叶皮质发育不成熟，“理智”战胜不了“情感”，很容易冲动；二是青春期的孩子内侧前额叶很活跃，极其在乎其他人的评价，非常敏感。您能否再详细解释一下，青春期孩子的脑发育有什么特别之处？

A 刘　丽：

青春期孩子的脑发育确实值得关注，青春期是人类脑发育的第二个高峰。青春期的大脑是突触生长和修剪都非常活跃的时期。我来打个比喻形容青春期脑发育的特点：青春期的脑发育就像高速发展中的城市，一边要快速建设高楼大厦，一边还要不停地拆除旧建筑。所以，你就可以理解为什么青春期的孩子会有一些混乱和不稳定，因为他大脑中的突触，尤其是前额叶区域，急剧生长，随后又要被修剪。

Q 常　爸：

听了您说的这些，相信家长就更能理解青春期的孩子了。孩子的各种逆反和不成熟的行为，都是因为这个时期孩子的脑神经发育状态与其他阶段不同。那么，青春期男孩和女孩在脑神经发育上有什么不同吗?

A 刘　丽：

相对而言，女孩的脑神经发育会比男孩子更早达到稳定。不论是灰质体积、白质体积的发育，女孩子都要比男孩子更早达到高峰，然后平稳发展，能早 1~2 年。所以你就会感觉到，同龄的女孩子比男孩子更成熟一些。那是因为男孩子的脑发育成熟的时间要比女孩子晚 1~2 年。

Q 常　爸：

青春期孩子的脑发育是人类脑发育的又一个高峰，此阶段的孩子，有什么明显的优势吗？

A 刘　丽：

脑在青春期会经历一场生长的发育高峰。这给孩子带来挑战的同时也带来巨大的机遇，这个时期孩子的学习能力非常强，并且能够支撑他们进行非常复杂的技能学习。有研究表明，很多人弹奏难度非常高的乐曲，或做一些难度很高的肢体动作，都是在青春期突然就学会了。所以青春期是大脑发育的又一个高峰，给孩子们提供了一个掌握复杂技能的最佳时机。

Q 常　爸：

孩子进入青春期后，对于他自己和家长来说，最大的挑战分别是什么？家长需要如何应对？

A 刘　丽：

咱们先说说对于孩子自身。我觉得青春期给他带来的最大挑战就是**接受并适应自己的生理变化，形成积极的自我概念，积极学习并适应成人社会。**

对于家长来讲，最大的挑战就是学会放手。为什么这么说呢？因为生理上的变化，让孩子觉得自己已经长大成人，可以独立自主了，因而他们要求家长给予他们尊重与平等，要求话语权，要求自己决定自己的事情。由于身体的变化与成熟以及同伴的影响，孩子开始更多地关注自己，评价自己，这个时候是形成自我概念的重要时期。但实际上，孩子的脑发育还不够成熟，所以他们的很多想法和做法就得不到家长的认可，这样就会产生冲突。家长可能并没有在第一时间意识到孩子心理上的变化，依旧按照以往的方式对待孩子，但是孩子已经不一样了，所以这就是冲突的来源。

家长在这个时期需要如何应对呢?

第一，在有些小事上，家长该放手就得放手。不要跟孩子太较劲儿，不然会导致孩子的叛逆心理更严重。

第二，青春期孩子人际关系的最大的特点就是容易受同伴的影响，家长要多关注他的同伴。如果孩子在一个比较优质的同伴群体中，那他就能得到比较好的发展。如果孩子在一个不太好的同伴群体里，他又特别容易受到同伴的影响，那么他就容易学坏了。**研究表明，青少年在跟同伴一起的情况下，迫于同伴压力的影响，头脑会更容易不冷静，他们也更容易做出冲动行为，甚至犯罪。**

第三，要抓住孩子脑发育高峰期的这个时机，引导他去学习、发展。

第四，为孩子提供关于青春期身体发育及脑发育的科学知识，帮助孩子理解、接纳、适应自己的生理变化，理解自己在人生的这个特殊阶段的脑信息加工的优势和劣势，做到自知而明。

Q 常　爸：

青春期孩子身边的朋友对他来说，是有巨大影响的。他的很多冲动的行为可能根本不是出于本意。青春期（特别是青春期早期）的孩子和同龄人在一起时，同龄人的观点、评价会对他们产生极大的影响，甚至让他们宁愿冒着高风险，也要选择去迎合周围的人。

比如，每个青少年都知道“吸烟有害健康”，可为什么还是有人会跃跃欲试？其中一个很重要的原因就是“对社交排斥的恐惧”。当周围的小伙伴都吸烟时，如果自己不吸就意味着自己是个另类，无法融入团体里。被排斥的恐惧，在孩子眼里要远大于吸烟的危害，所以有的孩子即使不喜欢也会尝试吸烟。

A 刘　丽：

是的。很多关于青少年情绪的研究发现：孩子自己一个人的时候，往往是能控制自己的，即使情绪很不好，也不会过于冲动。但是，青春期的孩子一到同伴群体中，他会受到同伴的压力及当时环境的影响，他在做决策的时候，就不再那么理性了。所以说青春期孩子对于同伴的选择非常重要。

Q 常　爸：

家长与青春期孩子的沟通也更加重要。

A 刘　丽：

是的，很重要。家长跟青春期孩子沟通时，要特别注意避免使用激烈的词汇，以免启动孩子敏感的情绪脑环路。

值得一提的是，这个时期的孩子往往不喜欢听取家长的意见。如果这时候孩子跟家长的冲突比较激烈的话，家长可以找自己比较信任的、孩子又比较喜欢的人来帮忙。比如，找一个孩子平日里非常喜欢的年长一些的人（某位哥哥姐姐、某位叔叔、阿姨或亲戚），来跟孩子沟通。相对来讲，青春期的孩子会更加愿意接受“外人”的意见。但是，家长肯定也需要调整自己，寻找与青春期孩子沟通的策略和方法，不能孩子成长了，家长还待在原地，那就没法沟通了。

Q 常　爸：

还有家长会问：“如果我们家的亲子关系一直非常好，是不是就能避免孩子青春期的叛逆了？”

A 刘　丽：

孩子存在个体差异，有的孩子可能从小就叛逆，有的孩子从小就听话，但是每个孩子都要经历青春期，也都会有叛逆期，只不过有的孩子性格比较温和，那么他在叛逆期的表现就没有那么剧烈。

青春期是人类生理发育和脑发育的重要阶段，家长完全没必要害怕孩子的青春期。要好好利用孩子脑发育的高峰时机，对孩子进行正确的引导，让他学习到更多有用的知识和技能。而且，孩子早晚都要独立，叛逆虽然令人很头疼，但这是他们寻求独立的一种信号。如果没有青春期，没有叛逆，那孩子如何形成独立的自我呢?

Q 常 爸:

所以，家长在孩子青春期时需要做的事情很多：

1. 充分理解孩子此时期的心理变化；

2. 关注孩子的交友圈，引导孩子交到正能量的朋友；

3. 指导孩子学习更多知识(包括青春期相关的知识)和技能。

其实，很多时候父母和青春期的孩子关系不融洽，就是因为不了解。而这份不了解背后，和父母的心态有关。在得知怀孕或者孩子刚刚出生时，不少父母都会拿起育儿书，试图去了解孩子，理解孩子的行为。同理，面对即将进入青春期的孩子，父母依旧需要保持这样的学习心态，提前准备，做好应对措施。当孩子真的有一天开始叛逆、开始顶嘴时，你就能真正地站在他们的角度理解孩子，帮助孩子顺利度过这一具有重大意义的人生阶段。

本章小结

◆ 孩子不愿意去上学，既可能是孩子自身的原因，也可能是生态关系（师生关系、同学关系、家庭关系）的原因。对于孩子经常不想去上学的情况，家长要重视，要通过与孩子和老师的沟通，找到孩子不愿意上学的原因，“对症下药”，才能“药到病除”。

◆ 研究表明：我们脑中存在大量的“镜像神经元”，这可能是人类“共情”的基础。家长要重点培养孩子的共情能力，让孩子能够理解他人的情绪、意图，这是社交能力的重要基础。

◆ 脑科学研究表明，共情的脑网络与动作模仿、想象的脑网络有大量的重叠，通过让孩子观察、模仿别人的动作，想象自己处在跟别人一样的情景下会怎么想、怎么做，会有助于促进孩子的共情能力的发展。

◆ 青春期的孩子在决策的时候倾向于依赖情绪感受脑区（如杏仁核），同时脑的奖赏系统（如伏核结构）也比较活跃，而进行理性决策的前额叶还没有发育成熟。并且青春期是脑发育的另一个高峰期，很多脑回路都在重新构建之中，所以青春期孩子的想法容易不稳定。

◆ 脑在青春期会经历一场生长的发育高峰。这给孩子带来挑战的同时也带来巨大的机遇，这个时期孩子的学习能力非常强，并且能够支撑他们进行非常复杂的技能学习。

◆ 青春期给孩子带来的最大挑战就是接受并适应自己的生理变化，形成积极的自我概念，积极学习并适应成人社会。

◆ 应对青春期的孩子，给家长四点建议：第一，学会放手。第二，多关注孩子的同伴群体，引导孩子交“良友”。第三，要抓住孩子脑发育高峰期的这个时机，引导他去学习、发展。第四，为孩子提供关于青春期身体发育及脑发育的科学知识，帮助孩子理解、接纳、适应自己的生理变化。

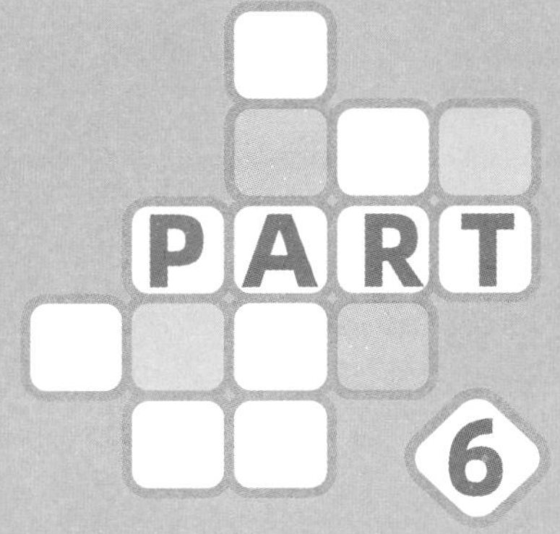

参考文献

第一章

[1]Collins M L. Handbook of Developmental Cognitive Neuroscience[M]. Cambridge: MIT Press，2008.

[2]Ferjan R N，Ramírez R R，Clarke M，et al. Speech discrimination in 11-month-old bilingual and monolingual infants: A magnetoencephalography study[J]. Developmental Science，2017，20(1): e12427.

[3]Gao Y，Zheng L，Liu X，et al. First and second language reading difficulty among Chinese–English bilingual children: The prevalence and influences from demographic characteristics[J]. Frontiers in Psychology，2019，10:2544.

[4]Ho S H，Fong K M. Do Chinese dyslexic children have difficulties learning English as a second language? [J]. Journal of Psycholinguistic Research，2005，34(6): 603-618.

[5]Kuhl P K，Williams K A，Lacerda F，et al. Linguistic experience alters phonetic perception in infants by 6 months of age[J]. Science，1992，255(5044)：606-608.

[6]Nolte J. The Human Brain[M]. St. Louis：Mosby，1993.

[7]Oates J，Grayson A. Cognitive and Language Development in Children[M]. Oxford：Blackwell Publishing，2004.

[8]Ramirez N F，Kuhl P. The brain science of bilingualism[J]. YC Young Children，2017，72(2)：38.

第二章

[1]Bechara A，Damasio H，Damasio A R. Role of the amygdala in decision-making[J]. Annals of the New York Academy of Sciences，2003，985(1)：356-369.

[2]Bratsberg B，Rogeberg O. Flynn effect and its reversal are both environmentally caused[J]. Proceedings of the National Academy of Sciences，2018，115(26)：6674-6678.

[3]Buckner R L，Andrews-Hanna J R，Schacter D L. The brain's default network: Anatomy, function, and relevance to disease[J]. Annals of the New York Academy of Sciences，2008，1124(1)：1-38.

[4]Colom R，Karama S，Jung R E，et al. Human intelligence and brain networks[J]. Dialogues in Clinical Neuroscience，2010，12(4)：489-501.

[5]Gardner M，Steinberg L. Peer influence on risk taking，risk preference，and risky decision making in adolescence and adulthood: An experimental study[J]. Developmental Psychology，2005，41(4)：625-635.

[6]Giedd J N，Blumenthal J，Jeffries N O，et al. Brain development during childhood and adolescence: A longitudinal MRI study[J]. Nature Neuroscience，1999，2(10)：861-863.

[7]Greenberg D M，Warrie V，Allison C，et al.Testing the Empathizing–Systemizing theory of sex differences and the Extreme Male Brain theory of autism in half a million people[J]. Proceedings of the National Academy of Sciences，2018，115(48)：12152-12157.

[8]Haier R J，Jung R E，Yeo R A，et al. Structural brain variation and general intelligence[J]. Neuroimage，2004，23(1)：425-433.

[9]Hirnstein M，Hugdahl K，Hausmann M. Cognitive sex differences and hemispheric asymmetry: A critical review of 40 years of research[J]. Laterality：Asymmetries of Body, Brain and Cognition，2019，24(2)：204-252.

[10]Ivanovic D M，Leiva B P，Pérez H T，et al. Head size and intelligence, learning, nutritional status and brain development：Head，IQ，learning，nutrition and brain[J]. Neuropsychologia，2004，42(8)：1118-1131.

[11]Mason R A，Just M A. How the brain processes causal inferences in text：A theoretical account of generation and integration component processes utilizing both cerebral hemispheres[J]. Psychological Science，2004，15(1)：1-7.

[12]McDaniel M A. Big-brained people are smarter：A meta-analysis of the relationship between in vivo brain volume and intelligence[J]. Intelligence，2005，33(4)：337-346.

[13]Miller D I，Halpern D F. The new science of cognitive sex differences[J]. Trends in Cognitive Sciences，2014，18(1)：37-45.

[14]Raichle M E，Snyder A Z. A default mode of brain function：A brief history of an

evolving idea[J]. Neuroimage，2007，37(4)：1083-1090.

[15]Ramsden S，Richardson F M，Joss G，et al. Verbal and non-verbal intelligence changes in the teenage brain[J]. Nature，2011，479(7371)：113-116.

[16]Shaw P，Greenstein D，Lerch J，et al. Intellectual ability and cortical development in children and adolescents[J]. Nature，2006：440(7084)：676-679.

[17]Vigneau M，Beaucousin V，Hervé P-Y，et al. What is right-hemisphere contribution to phonological，lexico-semanti，and sentence processing?：Insights from a meta-analysis[J]. Neuroimage，2011，54(1)：577-593.

[18]Voss P，Pike B G，Zatorre R J. Evidence for both compensatory plastic and disuse atrophy-related neuroanatomical changes in the blind[J]. Brain，2014，137(4)：1224-1240.

第三章

[1] 彭聃龄 . 普通心理学 [M]. 北京：北京师范大学出版社，2012.

[2]Cao M，Huang H，Peng Y，et al. Toward developmental connectomics of the human brain[J]. Frontiers in Neuroanatomy，2016，10：25.

[3]Clark D L，Boutros N N，Mendez M F. The Brain and Behavior: An Introduction to Behavioral Neuroanatomy[M]. Cambridge：Cambridge University Press，2005.

[4]Dennis E L，Thompson P M. Typical and atypical brain development: A review of neuroimaging studies[J]. Dialogues in Clinical Neuroscience，2013，15(3)：359-384.

[5]Gogtay N，Giedd J N，Lusk L，et al. Dynamic mapping of human cortical development during childhood through early adulthood[J]. Proceedings of the National Academy of Sciences，2004，101(21)：8174-8179.

[6]Maguire E A，Gadian D G，Johnsrude I S，et al. Navigation-related structural change in the hippocampi of taxi drivers[J]. Proceedings of the National Academy of Sciences，2000，97(8)：4398-4403.

[7]Maguire E A，Woollet K，Spiers H J. London taxi drivers and bus drivers: A structural MRI and neuropsychological analysis[J]. Hippocampus，2006，16(12)：1091-1101.

第四章

[1]张义宾,周兢.纸媒还是屏媒?—— 数字时代儿童阅读的选择[J].现代教育技术,2016：26(12),24-30.

[2]Baek S-S. Role of exercise on the brain[J]. Journal of Exercise Rehabilitation,2016,12(5)：380-385.

[3]Baker L M,Williams L M,Korgaonkar M S,et al. Impact of early vs. Late childhood early life stress on brain morphometrics[J]. Brain Imaging and Behavior,2013：7(2),196-203.

[4]Blair C,Raver C C. Poverty,Stress,and brain development：New directions for prevention and intervention[J]. Academic Pediatrics,2016,16(3)：S30-S36.

[5]Blumberg M S. Beyond dreams: Do sleep-related movements contribute to brain development? [J].Frontiers in Neurology,2010,1：140.

[6]Buss C,Entringer S,Swanson J M,et al. The role of stress in brain development: The gestational environment's long-term effects on the brain[J]. Cerebrum: The Dana Forum on Brain Science,2012,4.

[7]Carrion V G,Weems C F,Reiss A L. Stress predicts brain changes in children: A pilot longitudinal study on youth stress,posttraumatic stress disorder,and the hippocampus[J]. Pediatrics,2007,119(3)：509-516.

[8]Elias M F,Elias P K,Sullivan L M,et al. Obesity, diabetes and cognitive deficit: The Framingham Heart Study[J]. Neurobiology of Aging,2005,26(1)：11-16.

[9]Ellemberg D,St-Louis-Deschênes M. The effect of acute physical exercise on cognitive function during development[J]. Psychology of Sport and Exercise,2010,11(2)：122-126.

[10]Esteban - Cornejo I,Reilly J,Ortega F B,et al. Paediatric obesity and brain functioning: The role of physical activity——A novel and important expert opinion of the European Childhood Obesity Group[J]. Pediatric Obesity,2020,15(9).

[11]Frank M G,Issa N P,Stryker M P. Sleep enhances plasticity in the developing visual cortex[J]. Neuron,2001,30(1)：275-287.

[12]Farah M J. The neuroscience of socioeconomic status: correlates, causes, and

consequences[J]. Neuron，2017，96(1)：56-71.

[13]Gomez-Pinilla F，Zhuang Y，Feng J，et al. Exercise impacts brain-derived neurotrophic factor plasticity by engaging mechanisms of epigenetic regulation[J]. European Journal of Neuroscience，2011，33(3)：383-390.

[14]Graham Y P，Heim C，Goodman S H，et al. The effects of neonatal stress on brain development：Implications for psychopathology[J]. Development and Psychopathology，1999，11(3)：545-565.

[15]Graven S. Sleep and brain development[J]. Clinics in Perinatology，2006，33(3)：693-706.

[16]Hackman D A，Farah M J. Socioeconomic status and the developing brain[J]. Trends in Cognitive Sciences，2009，13(2)：65-73.

[17]Hackman D A，Farah M J，Meaney M J. Socioeconomic status and the brain: Mechanistic insights from human and animal research[J]. Nature Reviews Neuroscience，2010，11(9)：651-659.

[18]Hutton J S，Dudley J，Horowitz-Kraus T，et al. Differences in functional brain network connectivity during stories presented in audio，illustrated，and animated format in preschool-age children[J]. Brain Imaging and Behavior，2020，14(1)：130-141.

[19]Hart B，Risley T. Meaningful Differences in the Everyday Lives of American Children[M]. Baltimore，MD：Brookes Publishing，1995.

[20]Kaufman J，Charney D. Effects of early stress on brain structure and function：Implications for understanding therelationship between child maltreatment and depression[J]. Development and Psychopathology，2001，13(3)：451-471.

[21]Laurent J S，Watts R，Adise S，et al. Associations among body mass index，cortical thickness，and executive function in children[J]. JAMA Pediatrics，2020，174(2)：170-177.

[22]Logan N E，Raine L B，Drollette E S，et al. The differential relationship of an afterschool physical activity intervention on brain function and cognition in children with obesity and their normal weight peers[J].Pediatric Obesity，2021，16(2)，

e17208.

[23]Lombroso P J, Sapolsky R. Development of the cerebral cortex：XII. stress and brain development：I[J]. Journal of the American Academy of Child & Adolescent Psychiatry, 1998, 37(12)：1337-1339.

[24]Lugo - Candelas C, Pang Y, Lee S, et al. Differences in brain structure and function in children with the FTO obesity - risk allele[J]. Obesity Science & Practice, 2020, 6(4)：409-424.

[25]Meeusen R. Exercise, nutrition and the brain[J]. Sports Medicine, 2014, 44(1)：47-56.

[26]Migueles J H, Cadenas - Sanchez C, Esteban - Cornejo I, et al. Associations of sleep with gray matter volume and their implications for academic achievement, executive function and intelligence in children with overweight/obesity[J]. Pediatric Obesity, 2021, 16(2), 12707.

[27]Fultz N E, Bonmassar G, Setsompo K, et al. Coupled electrophysiological, hemodynamic, and cerebrospinal fluid oscillations in human sleep[J]. Science, 2019, 366(6465)：628-631.

[28]Oitzl M S, Champagne D L, Van der Veen R, et al. Brain development under stress: Hypotheses of glucocorticoid actions revisited[J]. Neuroscience & Biobehavioral Reviews, 2010, 34(6)：853-866.

[29]Pannacciulli N, Del Parigi A, Chen K, et al. Brain abnormalities in human obesity：A voxel-based morphometric study[J]. Neuroimage, 2006, 31(4)：1419-1425.

[30]Peirano P D, Algarín C R. Sleep in brain development[J]. Biological Research, 2007, 40(4)：471-478.

[31]Plomin R, Owen M J, McGuffin P. The genetic basis of complex human behaviors[J]. Science, 1994, 264(5166)：1733-1739.

[32]Ploughman M. Exercise is brain food: The effects of physical activity on cognitive function[J]. Developmental Neurorehabilitation, 2008, 11(3)：236-240.

[33]Solis-Urra P, Rodriguez-Ayllon M, Esteban-Cornejo I, et al. Tract-specific

white matter microstructure and its association with attention in children with overweight/obesity born preterm and term: The activebrains project[J]. European Neuropsychopharmacology, 2019，29：S567-S568.

[34]Spoormaker V I，Schröter M S，Gleiser P M，et al. Development of a large-scale functional brain network during human non-rapid eye movement sleep[J]. Journal of Neuroscience，2010，30(34)：11379-11387.

[35]Telzer E H，Goldenberg D，Fuligni A J，et al. Sleep variability in adolescence is associated with altered brain development[J]. Developmental Cognitive Neuroscience，2015，14：16-22.

[36]Noble K G，Houston S M，Kan E，et al. Neural correlates of socioeconomic status in the developing human brain: Neural correlates of socioeconomic status[J]. Developmental Science，2012，15(4)：516-527.

[37]Romeo R R，Christodoulou J A，Halverson K K，et al. Socioeconomic status and reading disability: Neuroanatomy and plasticity in response to intervention[J]. Cerebral Cortex，2018，28(7)：2297-2312.

第五章

[1] 王玉凤 . 注意缺陷多动障碍 [M]. 北京：北京大学医学出版社，2019.

[2] 萨莉 · 施威茨 . 聪明的笨小孩：如何帮助孩子克服阅读障碍 [M]. 刘丽，康翠萍，等译 . 北京：北京师范大学出版社，2019.

[3] 美国精神医学学会 . 精神障碍诊断与统计手册 [M]. 张道龙，等译 . 北京：北京大学出版社，2016.

[4]Anagnostou E，Taylor M J. Review of neuroimaging in autism spectrum disorders: What have we learned and where we go from here[J]. Molecular Autism，2011，2(1)：1-9.

[5]Ecker C. The neuroanatomy of autism spectrum disorder：An overview of structural neuroimaging findings and their translatability to the clinical setting[J]. Autism，2017，21(1)：18-28.

第六章

[1] 朱智贤 . 儿童心理学 [M]. 北京：人民教育出版社，2018.

[2] 林崇德 . 发展心理学 [M]. 北京：人民教育出版社，2018.

[3]Wermke K，Ruan Y，Feng Y，et al. Fundamental frequency variation in crying of Mandarin and German neonates[J]. Journal of Voice，2017，31(2)：255.e25.

第七章

[1] 董奇，陶沙 . 动作与心理发展 [M]. 北京：北京师范大学出版社，2004.

[2] 方莹，薛超，秦金亮 . 发展幼儿的精细动作 —— 从素养视角看幼儿的书写入学准备 [J]. 幼儿教育，2017，(30)：15-18.

[3] 李蓓蕾，林磊，董奇，等 . 儿童精细动作能力的发展及与其学业成绩的关系 [J]. 心理学报，2002，(05)：494-499.

[4] 小泉英明 . 脑科学与教育入门 [M]. 陈琳 . 北京：高等教育出版社，2009.

[5] 张义宾 . 从用勺用筷到书写 [D]. 金华：浙江师范大学，2014.

[6]Bedrosian T A，Quayle C，Novaresi N，et al. Early life experience drives structural variation of neural genomes in mice[J]. Science，2018，359(6382)：1395-1399.

[7]Horta B L，Loret de Mola C，Victora C G. Breastfeeding and intelligence: A systematic review and meta-analysis[J]. Acta Paediatrica，2015，104：14-19.

[8]Hutton J S，Phelan K，Horowitz-Kraus T，et al. Shared reading quality and brain activation during story listening in preschool-age children[J]. The Journal of Pediatrics，2017，191：204-211.

[9]Isaacs E B，Fischl B R，Quinn B T，et al. Impact of breast milk on intelligence quotient，brain size，and white matter development[J]. Pediatric Research，2010，67(4)：357-362.

[10]Kim J I，Kim B-N，Kim J-W，et al. Breastfeeding is associated with enhanced learning abilities in school-aged children[J]. Child and Adolescent Psychiatry and Mental Health，2017，11(1)：36.

[11]Mehta M A，Golembo N I，Nosarti C，et al. Amygdala, hippocampal and corpus callosum size following severe early institutional deprivation: The English and

Romanian Adoptees Study Pilot[J]. Journal of Child Psychology and Psychiatry，2009，50(8)：943-951.

[12]Mortensen E L. The association between duration of breastfeeding and adult intelligence[J]. JAMA，2002，287(18)：2365-2372.

[13]Nelson C A，Fox N A，Zeanah C H. Anguish of the abandoned child[J]. Scientific American，2013，308(4)：62-67.

[14]Nelson C A，Fox N A，Zeanah C H. Romania's Abandoned Children：Deprivation，Brain Development，and the Struggle for Recovery[M]. Cambridge，MA：Harvard University Press，2014.

[15]Schore A N. Effects of a secure attachment relationship on right brain development，affect regulation，and infant mental health[J]. Infant Mental Health Journal: Official Publication of The World Association for Infant Mental Health，2001，22(1-2)：7–66.

[16]Sheridan M A，Fox N A，Zeanah C H，et al. Variation in neural development as a result of exposure to institutionalization early in childhood[J]. Proceedings of the National Academy of Sciences，2012，109(32)：12927-12932.

[17]Tottenham N，Hare T A，Quinn B T，et al. Prolonged institutional rearing is associated with atypically large amygdala volume and difficulties in emotion regulation: Previous institutionalization[J]. Developmental Science，2010，13(1)：46-61.

第八章

[1]Bialystok E. Bilingualism：The good，the bad，and the indifferent[J].Bilingualism，2009，12(1)：3-11.

[2]Bialystok E，Craik F I. Cognitive and linguistic processing in the bilingual mind[J]. Current Directions in Psychological Science，2010，19(1)：19-23.

[3]Force L M T. Toward universal learning: What every child should learn[R]. Washington/Montreal：Brookings/UIS，2013.

[4]Green D W，Abutalebi J. Language control in bilinguals: The adaptive control hypothesis[J]. Journal of Cognitive Psychology，2013，25(5)：515-530.

[5]Johnson J S，Newport E L. Critical period effects in second language learning: The

influence of maturational state on the acquisition of English as a second language[J]. Cognitive Psychology，1989，21(1)：60-99.

[6]Kuhl P K. Early language acquisition: Cracking the speech code[J]. Nature Reviews Neuroscience，2004，5(11)：831-843.

第九章

[1] 李晶晶 . 5-6 岁幼儿家庭读写环境与其早期阅读能力的相关研究 [D]. 天津：天津师范大学，2010.

[2] 斯蒂芬·克拉生 . 阅读的力量 [M]. 李玉梅，王林 . 乌鲁木齐：新疆青少年出版社，2012.

[3] 中华人民共和国教育部 . 3-6 岁儿童学习与发展指南 [EB]. [2012-10-09]. http://www.moe.gov.cn/srcsite/A06/s3327/201210/t20121009_143254.html.

[4] 周兢 . 学前儿童语言学习与发展核心经验 [M]. 南京：南京师范大学出版社，2014.

[5]Gruber M J，Gelman B D，Ranganath C. States of curiosity modulate hippocampus-dependent learning via the dopaminergic circuit[J]. Neuron，2014，84(2)：486-496.

[6]Gruber M J，Ranganath C. How curiosity enhances hippocampus-dependent memory：The Prediction，Appraisal，Curiosity，and Exploration (PACE) framework[J]. Trends in Cognitive Sciences，2019，23(12)：1014-1025.

[7]Hutton J S，Horowitz-Kraus T，Mendelsohn A L，et al. Home reading environment and brain activation in preschool children listening to stories[J]. Pediatrics，2015，136(3)：466-478.

[8]Hutton J S，Phelan K，Horowitz-Kraus T，et al. Shared reading quality and brain activation during story listening in preschool-age children[J]. The Journal of Pediatrics，2017，191：204-211.

[9]Li S，Yin L. Sensitivity to stroke emerges in kindergartners reading Chinese script[J]. Frontiers in Psychology，2017，8：889.

[10]Romeo R R，Leonard J A，Robinson S T，et al. Beyond the 30-million-word gap: Children’s conversational exposure is associated with language-related brain function[J].

Psychological Science，2018，29(5)：700-710.

[11]Teale W H，Sulzby E. Emergent Literacy: Writing and Reading. Writing Research: Multidisciplinary Inquiries into the Nature of Writing Series[M]. New Jersey：Ablex Publishing Corporation，1986.

[12]Xue G，Dong Q，Chen C，et al. Greater neural pattern similarity across repetitions is associated with better memory[J]. Science，2010，330(6000)：97-110.

[13]Zhao J，Kipp K，Gaspa C，et al. Fine neural tuning for orthographic properties of words emerges early in children reading alphabetic script[J]. Journal of Cognitive Neuroscience，2014，26(11)：2431-2442.

[14]Zhao J，Zhao P，Weng X，et al. Do Preschool Children Learn to Read Words from Environmental Prints? [J] PLoS ONE，2014，9(1)：e85745.

第十章

[1] 约翰 · 梅迪纳 . 让孩子的大脑自由 [M]. 王佳艺，译 . 杭州：浙江人民出版社，2012.

[2]Mar R A. The neural bases of social cognition and story comprehension[J]. Annual Review of Psychology，2011，62(1)：103-134.

[3]Medina J. Brain Rules for Baby：How to Raise a Smart and Happy Child from Zero to Five[M]. Pittsburgh：Pear Press，2014.

[4]Schurz M，Radua J，Aichhorn M，et al. Fractionating theory of mind: A meta-analysis of functional brain imaging studies[J]. Neuroscience & Biobehavioral Reviews，2014，42：9-34.

第十一章

[1]Blood A J，Zatorre R J. Intensely pleasurable responses to music correlate with activity in brain regions implicated in reward and emotion[J]. Proceedings of the National Academy of Sciences，2001，98(20)：11818-11823.

[2]Chan J C，Meissner C A，Davis S D. Retrieval potentiates new learning: A theoretical and meta-analytic review[J]. Psychological Bulletin ，2018，144(11)：

1111-1146.
[3]Chen S，Li H，Wang L，et al. A preliminary study of disrupted functional network in individuals with Internet gaming disorder: Evidence from the comparison with recreational game users[J]. Addictive Behaviors，2020，102：106202.
[4]Dehaene S.Reading in the Brain: The New Science of How We Read[M]. New York：Penguin Books，2009.
[5]Dresler M，Shire W R，Konrad B N，et al. Mnemonic training reshapes brain networks to support superior memory[J]. Neuron，2017，93(5)：1227-1235.
[6]Jiang J，Dai B，Peng D，et al. Neural synchronization during face-to-face communication[J]. Journal of Neuroscience，2012，32(45)：16064-16069.
[7]Lees B，Garcia A M，Debenham J，et al. Promising vulnerability markers of substance use and misuse: A review of human neurobehavioral studies[J]. Neuropharmacology，2021：108500.
[8]Nan Y，Liu L，Geiser E，et al. Piano training enhances the neural processing of pitch and improves speech perception in Mandarin-speaking children[J]. Proceedings of the National Academy of Sciences，2018，115(28)：E6630-E6639.
[9]Zatorre R. Music，the food of neuroscience? [J]. Nature，2005，434(7031)：312-315.
[10]Zatorre R J，Salimpoor V N. From perception to pleasure: Music and its neural substrates[J]. Proceedings of the National Academy of Sciences，2013，110(Supplement 2)：10430-10437.
[11]Zheng L，Chen C，Liu W，et al. Enhancement of teaching outcome through neural prediction of the students' knowledge state[J]. Human Brain Mapping，2018，39(7)：3046-3057.

第十二章

[1] 叶浩生 . 镜像神经元的意义 [J]. 心理学报，2016，48(04)：444-456.
[2] 马克 · 约翰逊 . 从自然到使然 [M]. 徐芬，译 . 北京：北京师范大学出版社，2017.

[3]Brucker B，Ehlis A-C，Häußinger F B，et al. Watching corresponding gestures facilitates learning with animations by activating human mirror-neurons: An fNIRS study[J]. Learning and Instruction，2015，36：27-37.

[4]Corradini A，Antonietti A. Mirror neurons and their function in cognitively understood empathy[J]. Consciousness and Cognition，2013，22(3)：1152-1161.

[5]Mukamel R，Ekstrom A D，Kaplan J，et al. Single-neuron responses in humans during execution and observation of actions[J]. Current Biology，2010，20(8)：750-756.

[6]Carr L，Iacoboni M，Dubeau M-C，et al. Neural Mechanisms of Empathy in Humans: A Relay from Neural Systems for Imitation to Limbic Areas[J]. Proceedings of the National Academy of Sciences of the United States of America，2003，100(9)：5497-5502.

[7]Gaesser B. Constructing memory，imaginatio，and empathy：A cognitive neuroscience perspective[J]. Frontiers in Psychology，2013，3：576.